P. A Oelrichs

Snake jim hollunder - Kleiner Wörterschatz zur Erlernung der

Helgolander Sprache

P. A Oelrichs

Snake jim hollunder - Kleiner Wörterschatz zur Erlernung der Helgolander Sprache

ISBN/EAN: 9783743487253

Hergestellt in Europa, USA, Kanada, Australien, Japan

Cover: Foto ©ninafisch / pixelio.de

P. A Oelrichs

Snake jim hollunder - Kleiner Wörterschatz zur Erlernung der Helgolander Sprache

Snake Jim Hollunder?

Kleiner Wörterschatz
zur Erlernung der
Helgolander Sprache
für
Deutsche, Engländer und Franzosen.

Nebst einem Anhange
enthaltend
einfache Gespräche und Lesestücke

in deutscher und helgolander Sprache.

Von

P. A. Oelrichs.

Zweite verbesserte Auflage.

Leipzig, 1882.
C. A. Koch's Verlag.
(J. Sengbusch.)

Motto:

Road es deht Lunn,
Grön es de Kant,
Witt es de Sunn —
Deht es de Woapen
   Van't Hillige Land.

Vorwort zur zweiten Auflage.

———

Vorliegendes Werkchen erscheint hiermit in zweiter verbesserter und auch veränderter Auflage; statt der Rubrik Holländisch im „Wörterschatz" ist die betreffende Uebersetzung der Wörtersammlung diesmal in Französischer Sprache hinzugefügt worden. Wie auch schon die Vorrede zur ersten Auflage richtig besagte, soll und kann dieser Wörterschatz nur bezwecken, zum Verständniß der Helgolander Mundart einigermaßen beizutragen, und bitten wir das Werkchen auch nur von diesem Gesichtspunkte aus zu beurtheilen.

Die am Schlusse des Werkchens vermerkten Druckfehler wolle man vor Gebrauch desselben berücksichtigen.

Daß es seinen Zweck erfüllen möge, hofft und wünscht

Die Verlagshandlung.

Leipzig, im Juli 1882.

Ueber die Aussprache.

Im Helgolandischen wird das à ausgesprochen wie a in dem deutschen „machen". Beim doppelten à bleibt der Laut derselbe, nur lang gezogen. — ú wie kurzes ü, z. B. wie in „Rücken". — ó wie kurzes ö oder wie das e im französischen „de". — î, ô, û wie kurzes i, o, u. — é dient zur stärkeren Betonung der Silbe.

Explication of the peculiar pronunciation.

In the Dialect of Heligoland, à sounds like a in fat, hat, have; àà have the same sound, only a little longer; — ú is like French u in duper, du; — ó sounds like u in but, hut, must; — î, ô, û like short i in inn, o in not, oo in foot; é gives more stress to the syllable.

Exposé de la signification des sons.

Dans le dialecte de l'île d'Helgoland, à est prononcé = a en natte, datte; — àà a le même son un peu alongé; — ú sonne = u en du, duper; — ó sonne = e en de, me, ne; — î = i en ni, hibou; — ô = o en monomanie; û = ou en mouette, fouet, fouetter, — é sert à l'accentuation plus forte de la syllabe.

Kleiner Wörterschatz.

A.

Deutsch	English	Français	Helgol.
Abbrechen	to break off	détacher; rompre	ufbreek.
abcopiren	to copy	copier	uffkriew.
abbanken	to dismiss	congédier	ufbanke.
aber, jedoch	but; yet	mais; pourtant	aber, man
abfegen	to wipe	balayer	uffage.
abfeuern	to fire	décharger	uffüre.
abfordern	to demand	demander	ufförbere.
abfragen	to inquire	questionner	uffrage.
abführen	to purge	purger	ufgung.
Abgabe	tribute	droit; impôt	Ütjeften.
abgeben	to deliver	livrer; rendre	ufbô.
abgießen	to pour off	verser	ufjiit.
abhandeln	to abate	rabattre(du prix)	ufbinge.
abholen	to fetch	aller prendre	ufhale.
abkaufen	to buy	acheter	ufkope.
abkleiden	to undress	déshabiller	uftî.
abkochen	to boil	faire bouillir	köfe.
abkühlen	to cool	rafraîchir	ufköle.
ablecken	to lick off	lécher	uflekke.
abliefern	to deliver	remettre	uflévere.
ablocken	to decoy	soutirer	uflokke.
ablohnen	to pay off	payer	ufbetale.
abmalen	to picture	peindre	ufmale.
abmessen	to measure	mesurer	ufmeet.
abnehmen	to take off	ôter	ufnem.

Deutſch.	English.	Français.	Helgol.
Abneigung	envy	aversion	Ufgonſt.
abpflücken	to pluck off	cueillir	ufploffe.
abrathen	to dissuade	déconseiller	ufriààd.
abrechnen	to discount	défalquer	ufréfene.
abreden	to appoint	concerter	uffnaffe.
abreiſen	to depart	partir	uffahr.
abreißen	to pull off	arracher	ufriew.
abrudern	to row off	partir (en ramant)	ufrub.
abſägen	to saw off	scier	uffeege.
abſcheulich	abominable	abominable	biſterf.
abſchneiben	to cut off	couper	uffiiààr.
abſchreiben	to copy	copier	ufffriew.
abſchäumen	to skim off	écumer	uffümme.
abſpülen	to rinse	laver; rincer	uffpöhl.
abſtreifen	to strip off	dépouiller	ufftriààpe.
abtafeln	to unrig	déséquiper	uftafele.
abtheilen	to share	diviser; partager	ufbéle.
abtreten	to tread off	détacher en heur- tant avec le pied	uftreeb.
abtrocknen	to dry up	essuyer; sécher	ufbrüge.
abwärts	downward	en bas	henbeel.
abwerfen	to cast off	mettre bas	uffmit.
accorbiren	to accord	accorder	afforbiààre.
achtmal	eight times	huit fois	achtmal.
Abjunct	assistant	adjoint; substitut	Helpmaat.
Affe	monkey	singe	Aap.
albern	silly	niais; imbécille	ünfloof.
allerdings	certainly	sans doute	wirflich.
alleſammt	altogether	tous (toutes) en- semble	allemal.

Deutsch.	English.	Français.	Helgel.
allezeit (stets)	always	toujours	altib.
Alp	nightmare	cauchemar	Nachtmär.
anblicken	to look at	regarder	uunluke.
anders	otherwise	autrement	uurs.
Anfahrt	beach	bord; rivage	Strun.
anfassen	to take hold of	saisir	uunfate.
anfühlen	to feel	tâter	uunfiel.
angeboren	inborn	inné, naturel	uungeboren.
angeln	to angle	pêcher à la ligne	stelte.
anheim (daheim)	at home	à la maison	berén.
ankündigen	to declare	annoncer	uunsay).
anmaßen (sich)	to usurp	s'attribuer	tûégene.
anmelden	to send one's name in	annoncer	uunmelde.
annageln	to nail on	clouer	fastspikkere.
annehmen	to accept	accepter	uunnem.
anrühren	to touch	toucher; tâter	uunrör.
anschaffen	to provide	procurer	uunskaffe.
anschließen	to join	joindre	uunslüt.
anstrengen	to strain	efforcer	uunstrenge.
ansuchen	to petition	solliciter	uunfrage.
Antlitz	face	visage; face	Gesicht.
antreten	to enter upon	entrer en	uuntred.
anwesend	present	présent	gegenwardig.
anzeigen	to indicate	indiquer	uunwiese.
anzünden	to light	allumer	uunsteek.
arbeiten	to work	travailler	aarbaaide.
Armbrust	shootingbow	arc, arbalète	Flintspégel.
Asche	ashes	cendre	Esken.

1*

4

Deutsch.	English.	Français.	Helgol.
athmen	to breathe	respirer	öbeme.
aufgehen	to rise	se lever, percer	abgung.
aufklären	to clear up	éclaircir	abklare.
aufkündigen	to give warning	contremander	absaay.
aufmachen	to open	ouvrir	épenmake.
aufnähen	to sew on	coudre sur	ihpfei.
aufpaffen	to attend	épier, veiller	üüppaffe.
aufrecht	upright	droit, debout	abrecht.
aufrichten	to raise	ériger, élever	abrechte.
aufrollen	to roll up	découler	abrölle.
auffchreiben	to write down	écrire, noter	abftriew.
auffchütteln	to stir up	remuer	abftobbe.
auffehen	to look up	regarder en haut	abluke.
aufftehen	to stand up	se lever	abftun.
aufwärmen	to warm again	rechauffer	abwarme.
aufzwingen	to obtrude	contraindre de prendre	ihptwing.
Auge	eye	œil	Dog.
ausbreiten	to spread	étendre	aweräälbring.
ausbrüten	to brod, hatch	couver	útbröd.
ausfordern	to challenge	provoquer	útfördere.
aushalten	to hold out	souffrir, supporter	úthool.
ausklopfen	to beat out	épousseter	útklappe.
Auslage	disbursement	déboursement	Útlaag.
Ausländer	foreigner	étranger	Främmen.
auslaffen	to let out	faire sortir, omettre	útliäät.
ausleeren	to empty	vider, évacuer	lebbigmake.
ausnehmen	to take out	tirer, ôter	útnem.

Deutſch.	English.	Français.	Helgel.
ausrichten	to do, perform	faire, exécuter	útrechte.
ausrufen	to cry out	crier, proclamer	útrup.
auszehren	to consume	consumer	úttehre.
Axt	hatchet	hache, cognée	Ehks.

B.

Backen	to bake, fry	cuire, faire	baak (bruààb).
baden	to bathe	baigner	babe.
Backbord	larboard	bâbord	Bafbord.
Bai (Bucht)	bay	baie	Bocht.
Balcon	balcony	balcon	Balfon.
bald	soon	tôt, bientôt	bàl.
Balken	beam	poutre	Buààlf.
Balſam	balm	baume	Balſem.
Band	ribbon	ruban	Biààn.
Bandelier (Schärpe)	bandeleer	bandoulière	Dragband.
bange (ſein)	(to be) afraid	en angoisse	bang.
Bankerott	bankrupt	banqueroute	Banfrüt.
baar Geld	ready money	argent comptant	baar Jil.
Bär	bear	ours	Baar.
Barbar	barbarian	barbare	Barbaar.
Barbier	barber	barbier	Potſer.
barfuß	barefoot	nu-pieds	beetfuttelt.
bauen	to build	bâtir, construire	bouwe.
Bauer	peasant	paysan	Buur.
Bauholz	timber	bois de construction	Tömmerholt.
Baum	tree	arbre	Buààm.

6

Deutsch.	English.	Français.	Helgel.
Beamte	officer	officier, fonction-	Offciààr.
		naire	
beben	to shake	trembler, fremir	bebberke.
bedenken	to consider	considérer	beteenk.
bedeuten	to set right	donner à enten-	bebübe.
		dre	
bedürfen	to want	avoir besoin de	nöbig ha.
befehlen	to command	commander	befeel.
befestigen	to fasten	attacher, fortifier	faftmake.
befördern	to advance	avancer, expédier	beforbere.
befrachten	to freight	changer, affréter	befrachte.
befreien	to get rid of	délivrer	freimake.
befriedigen	to satisfy	satisfaire	befriebige.
begegnen	to meet	rencontrer	uunjinkööm.
begehren	to desire	désirer	begiàr.
beginnen	to begin	commencer	uunfange.
begleiten	to accompany	accompagner	begleite.
begraben	to bury	enterrer	begreew.
begreifen	to comprehend	comprendre	begrip.
beichten	to confess	se confesser	bichte.
bekehren	to convert	convertir	bekiààr.
bekennen	to confess	confesser, avouer	bekan.
belügen	to lie	mentir (à qn.)	belüüg.
bemühen	to trouble	se peiner, s'effor-	bemeue.
		cer	
beneiden	to envy	envier	beneibe.
berichten	to inform	informer	narecht.
Beruf	employment	fonction, emploi	faft Aarbaaib.
bescheiden	modest	modeste, discret	befkében.
beschirmen	to protect	protéger	biftun.

Deutſch.	English.	Français.	Helgol.
beſehen	to look at	regardor	beſiſ.
Beſen	broom	balai	Böſem.
beſitzen	to possess	posséder	beſét.
beſorgen	to take care	procuror, soigner	beſurge.
beſtehlen	to steal	voler	uffteel.
beſtellen	to appoint	donner rendez-vous; faire faire	beſtell.
beſuchen	to visit	visiter	beſööf.
beſubeln	to soil	souiller	ſkettigmafe.
beten	to pray	prier	bérege.
betrügen	to cheat	tromper, duper	bebreeg.
Bett (ʒu Bette gehen)	bed (to go to bed)	se coucher	Bààb (toBààb gung).
betteln	to beg	mendier	bébele.
beugen	to bond, bow	plior, courbor	büüg
beweiſen	to prove	montrer, prouvor	bewieſe.
beifügen	to adjoin	ajouter, joindre	bibuge, bibo.
beitragen	to contribute	contribuor	bìbreeg.
beʒahlen	to pay	payer	betale.
bilden	to educate	former	abtiſ.
binden	to bind, tie	lier, attacher	faſtbin.
binnen	within	d'ici à	berén.
Bischen	littlebit	un pou	Betjen.
bitten	to request	prier, supplier	beb, bérege.
blaſen	to blow	souffler	blaſe.
bleiben	to remain	demeurer	bliew.
bleichen	to bleach	blanchir	blìàfe.
blenden	to blind	aveuglor, éblouir	blenne.
blinfen	to glance	reluiro, briller	blinfe.
blitzen	to lighten	éclairer	laaibe.

Deutſch.	English.	Français.	Helgol.
blöbe	bashful	timide, honteux	blüch.
blühen	to flourish	fleurir	bleue.
Blume	flower	fleur	Blömk.
bluten	to bleed	saigner	blat, blubbe.
Boden	ground	terre, fond	Buddem, Grün.
bohren	to bore	forer, trouer	böre.
borgen	to borrow	emprunter	burrege.
braten	to roast meat	rôtir, frire	brabe.
brauchen	to use	avoir besoin, employer	brük.
Braut	bride	fiancée	Brüd.
Bräutigam	bridegroom	fiancé	Brüddegom.
brennen	to burn	brûler	bààrne.
bringen	to bring	apporter	bring.
Brod	bread	pain	Bruààd.
brummen	to grumble	gronder, murmurer	brumme.
Brunnen	well	puits	Weeterfüiil.
Bruſt	breast	poitrine	Borſt.
Bube	boy, lad	garçon, valet	Jong.
Buch	book	livre	Buk.
buchſtabiren	to spell	épeler	bukſtabiàre.
bugſiren	to tow	remorquer	bogſiàre.
buhlen	to court	faire l'amour	frey.
bunt	spotted	barriolé	bontet.
bürgen	to bail	cautionner	burg wees.
Bürger	citizen	citoyen	Borger.
büßen	to suffer	souffrir	büſe
Buſen	bosom	sein	Borſt
Butter	butter	beurre	Bötter.

Deutſch.	English.	Français.	Holgel.

C.

Caffee	coffee	café	Koffe.
Candis=Zucker	sugarcandy	sucre candi	Vorſtſokker.
Canneel (Zimmet)	cinnamon	cannelle, cinnamome	Konneel.
caput	ruined	ruiné	'n ſtökken.
Caſſerolle	stewpan	casserole	Kaſtrull.
Caſſirer	cashier	caissier	Kasmeiſter.
Centrum	centre	centre	Uhndemedden.
Cider (Obſt= wein)	cider	cidre	Cider.
Commode	chest of drawers	commode	Comood.
Compaß	compass	boussole	Kumpas.
Comptoir	counting office	bureau	Skriewkamer.
Contribution	kingstax	contribution	Ütjeften.
copuliren (trauen)	to marry	marier	toopjiew.
Couvert	cover	enveloppe	Omſlag.
Cravatte	cravat	cravate	Kraag.

D.

Da	there	là	biäàr.
Dach	roof	toit	Dak.
dagegen	against it	contre	biäàrjin.
dahin	that way	par-là	biäàrhen.
dämmerig	dusky	brun, sombre	tùjunke.
Dampf	steam, vapour	vapeur, fumée	Damp, Brögen.
Dampfſchiff	steam-boot	bateau à vapeur	Dampſkep.
danken	to thank	rendre grâce	dankſaai.

Deutſch.	English.	Français.	Holgel.
darben	to be in want	être dans l'indi-gence	Honger lieb
darnach	after that	après, puis, selon	biààrna.
darum	therefore	pour cela	biààrom.
das (Haus)	the, that	le, la	deht (Hüs).
daß, weil, da= mit	because	parceque, que	ombat.
dauerhaft	durable	durable, stable	dúúrſam.
Decke	covering	couverture	Bààbdeht.
defect	defective	défectueux	uhnſtatt.
Deich	dike	digue	Dit.
delicat	delicate	délicat	delitaat.
demüthigen	to humble	humilier	önnerwerpe.
denken	to think	penser	teent.
deſto beſſer	so much the better	tant mieux	ſo böl béter.
deutlich	plain, distinct	clair, distinct	dütelt.
deutſch	German	allemand	düütſt.
dichten	to write poetry	faire des vers	riemele.
Dichter	poet	poëte	Poeet.
dick	thik, big	gros, grosse	tjot, büttet.
Dieb	thief	voleur	Deef.
Diele, Brett	plank, board	planche	Plant, Bûr.
dienen	to serve	servir	tiene.
dieſe	this, these	ce, cet, cette, ces	di, dibiààr.
dingen	to haggle	louer	dinge (uf=).
Diplom	diploma	diplôme, brevet	Patent.
Dirne	maid, lass	fille, servante	Famel.
Dollmetſcher	interpreter	interprète	Tolt.
Donner	thunder	tonnerre	Tönner.

Deutſch.	English.	Français.	Helgel.
doppelt	double	double	dubbelt.
Dorn	thorn	épine	Tiſſel.
Dotter	yelk	jaune d'œuf	Döbber.
drängen	to press	presser, serrer	friibbe.
draußen	without	dehors	bütten.
droben	there above	à haut, en haut	boppen.
Du, Sie	thou, you	tu, toi, vous	Dû, Jim.
dulden	to suffer	souffrir, tolérer	bulbe, utſtun.
düngen	to dung	engraisser	niokſe.
dünn	thin	mince, menu	ten.
dunkel	dark	sombre, obscur	junk.
durchbringen	to consume	prodiguer	bäärbring.
durchgehen	to go through	passer par, échapper	bäärgung.
durchgehends	generally	en général	miààſttib.
durchhelfen	to help through	aider à passer	bäärhelp.
durchlaſſen	to let through	laisser passer	bäarliàat.
durchpeitſchen	to whip	fouetter	bäärtagele.
Durchſchlag	strainer	passoire, couloire	Däärſlag.
dürfen	to dare	oser, avoir la permission	bär, (bô).
Durſt	thirst	soif	Törſt.

E.

Ebbe	ebbtide	basse marée	Àab.
eben	even, flat	uni, plat, plain	iewen, ſlecht.
Ecke	corner	coin, angle	Hörn.
Ehe	matrimony	mariage	Ehſtand.
ehemals	formerly	autrefois	weliààr.
Ehre	honour	honneur	Jàar.

Deutſch.	English.	Français.	Helgel.
ehrlich	honest	honnête	iàârelf.
ehrſam	respectable	honorable	iàârſam.
Eid	oath	serment	Eeb.
eigen	own	propre	mienááien.
Eigenthum	own property	propriété	Eegenbom.
Eimer	pail, bucket	seau, muid	Ommer.
einathmen	to breath in	respirer, aspirer	ihnöbeme.
einbrechen	to break in	s'enfoncer, foncer	ihnbreef.
einbrocken	to crumble	émier, émietter	ihnframe.
Eindruck	impression	impression	Jhndruf.
einfältig	simple	simple, niais, sot	bum.
Einfuhr	import	importation	Jhnfuhr
einfüllen	to pour in	verser dans	ihnfäl, jut.
eingehen	to enter	entrer	ihngung.
einhalten	to hold in	arrêter, réprimer	ihnhool.
einhändigen	to deliver	remettre, rendre	ihnling.
einheizen	to make fire	chauffer	uunböt.
einholen	to overtake	atteindre	ihnhale.
einimpfen	to inoculate	inoculer	poffat.
einkehren	to give a call	aller, visiter	ihnfiàâr.
einladen	to invite	inviter	nöbige.
einlaſſen	to let in	laisser entrer	ihnliààt.
cinlegen	to preserve	confire, mariner	ihnmafe, ſei.
einmauern	to wall in	entourer d'une muraille	ihnmüre.
einſalben	to anoint	oindre, embaumer	ſmeere
einſchenken	to pour in	verser	uunſfeenfe.
einſchreiben	to book	inscrire, enregistrer	ihnſfriew.
einſegnen	to bless	bénir, consacrer	ihnſégene.

Deutſch.	English.	Français.	Helgel.
einſehen	to look in; comprehend	comprendre, examiner	iḥnluke.
einſenden	to send	envoyer, remettre	iḥnſiààn.
einſperren	to lock up	enfermer	iḥnſlút.
einſtimmen	to join	consentir	iḥnſtemme.
einſtürzen	to fall down	crouler	iḥnſtört.
einthun	to put in	mettre dedans	iḥndò.
eintönig	monotonous	monotone	iààntoonig.
eintragen	to carry in	porter dedans, noter	iḥndreeg.
eintreiben	to drive into	faire entrer, exiger	iḥndriew.
eintreten	to step in	entrer	iḥntreed.
einweichen	to soak	tremper, infuser	iḥnwokke.
Einwohner	inhabitant	habitant	Iḥnwuḥner.
einwurzeln	to take root	prendre racine	iḥnwortele.
einzeln	single	simple	enkeld.
Eiſen	iron	fer	Iſen.
Eiter	matter	pus	Atter.
entbehren	to do without	manquer, être privé de	nig ḥa.
entfernen	to remove	éloigner	weggung.
entlaufen	to run away	échapper, dé-serter	weglippen.
entwenden	to purloin	dérober, voler	wegnem.
entzwei	in pieces	mis en deux, brisé	ſtökken, breken.
Erbſen	pease	pois	Dörten.
erfinden	to invent	inventer	ütſin.
erfreuen	to rejoice	réjouir	blied make.
erhalten	received	reçu	fünnen.

14

Deutſch.	English.	Français.	Helgel.
erheitern	to cheer up	égayer	abmuntere.
erhöhen	to raise	élever	verhoge.
erinnern (ſich)	to remind	se souvenir	beſenne.
erkälten	to catch cold	gagner du froid	verköhle.
erklären	to explain	expliquer	bütelk make.
erlangen	to obtain	obtenir, atteindre	towennen.
erlauben	to permit	permettre	tûſtun.
ernähren	to maintain	maintenir	önnerhool.
ernennen	to appoint	nommer	benam.
erneuen	to make new	renouveler	neimake.
erniedrigen	to humble	humilier	verleege.
Ernſt	earnest	gravité, sévérité	Jaàrens.
erobern	to conquer	conquérir	awerwün.
erröthen	to blush	rougir	'n bleiwen.
erſchrecken	to frighten	épouvanter	bangwees.
erſteigen	to climp up	monter	krummele.
erſuchen	to entreat	requérir, solliciter	verſöök.
ertappen	to catch	surprendre	betrappe.
ertrinken	to be drowned	se noyer	verdrink.
erwachen	to awake	s'éveiller	abwake.
erwarten	to expect	attendre	verwachte.
erzählen	to tell	raconter, réciter	vöörſnakke.
eſſen	to eat	manger	iht.
etwas	something	quelque chose, un peu	'n bétjen.

F.

Faden	thread	fil, brasse	Triaàd.
fallen	to fall	tomber	faal.
falliren	to fail	faire faillite	bankrüt.

Deutsch.	English.	Français.	Helgel.
falsch	false	faux, fausse	falst.
fangen	to catch	prendre, saisir	fate, wen.
färben	to colour	colorer	farwe.
fassen	to seize	saisir	uhnfate.
faften	to fast	jeûner	hongere.
faulen	to rot	pourrir	rötig wur.
Faulheit	laziness	paresse	Luiheit.
Fauft	fist	poignée	Füft.
fechten	to fight	faire des armes	floh.
fegen	to sweep	balayer, ramoner	fage.
feilen	to file	limer	file.
fein, schön	fine, handsome	beau, belle	fien, raar.
Feind	enemy	ennemi	Feind.
Feld	field	champ	Klef.
Fels	rock	rocher	Brû
Fenfter	window	fenêtre	Fenfter.
fern, weit	far, remote	éloigné	fier.
fertig	ready	prêt, achevé, fait	flar.
Fett	fat, grease	graisse, gras	Fat.
feucht	moist	humide, mouillé	focht.
Feuer	fire	feu	Jààl.
feuern	to fire	fair feu, tirer	tùffüt.
Fieber	fever	fièvre	Kol.
Filzhut	felthat	chapeau de feutre	Feldhud.
finden	to find	trouver, rencontrer	fin.
Finne	pimple	bouton	Buhl.
finfter	dark	obscur, ténébreux	junt.
fifchen	to fish	pêcher	fefke.
flach	flat, level	plat, platin	ihwen, flaf.

Deutſch.	English.	Français.	Helgel.
flau	faint	faible, tiède	ſwimmig.
flechten	to braid	tresser, natter	topfe.
Flecken; Dorf	borough; spot	bourg; tache	Dörp; Plak.
flehen	to beseech	implorer, supplier	beb.
Fleiſch	flesh, beef	viande, chair	Fleſhk.
fleißig	industrious	assidu, diligent	flietig.
Fliege	fly	mouche	Flieg.
flink	quick	alerte, prompt	gau.
Flinte	gun, musket	fusil	Ruhr.
Floh	flea	puce	Nop.
flöten	to play the flute	jouer de la flûte	fleute.
fluchen	to curse	jurer, pester	flükke.
flüchten	to run away	se sauver, se réfugier	wegloop.
Flügel	wing	aile	Flügger, Jük.
folgen	to follow	suivre	nakööm.
fortgehen	to go away	s'en aller	weggung.
forthelfen	to assist	aider à faire des progrès	furthelp.
fortreiſen	to depart	partir	wegreiſe.
fortſetzen	to continue	continuer	furtſat.
fragen	to ask	demander, interroger	frage.
Frau	woman	femme	Wüff.
freſſen	to eat greedily	manger, dévorer	freet.
freuen (ſich)	to rejoice	se réjouir	blieb wees.
Freund	friend	ami	Frön.
freien	to court	épouser	frey.
freigebig(ſein)	(to be) generous	libéral, généreux	gudgeefſk.

Deutſch.	English.	Français.	Helgel.
Freiheit	liberty	liberté	Freiheit.
Friede	peace	paix	Freed.
frieren	to freeze	avoir froid, geler	fröſt, frühs.
fromm	pious	pieux	frahm.
früh	early	de bonne heure,	ebber.
fühlen	to feel	sentir	fiel.
führen	to lead	guider, conduire	föhre, lied.
füllen	to fill	remplir	vollmake.
für, vor	for, before	pour, devant	för, vöör.
fürchten	to fear	craindre	bang wees.
Furchtſamkeit	fearfulness	timidité	Bangigkeit.
Fürſt	prince	prince	Fürſt, Prins.
Fuß	foot	pied	Fut.

G.

Gabel	fork	fourchette	Gabel.
Gang	going	pas, marcher	Gang.
Gans	goose	oie	Gus.
ganz	whole	tout, toute	heel.
Garn	yarn	fil, filage	Juaàrn.
garſtig	dirty	laid, mesquin	ſkettig.
Garten	garden	jardin	Guaàd.
gaſtiren (bewirthen)	to feast	traiter, régaler	gaſteriaàr.
Gatte	spouse	époux, mari	Mann.
Gebäude	building	bâtiment, édifice	Gebeud.
Gebet	prayer	prière	Gebet.
geblümt	flowered	à fleurs	blömket.
geboren	born	né, née	geboren.
gebrauchen	to use, employ	faire usage de	brük.

Kl. Wörterbuch der Helgol. Sprache.   2

Deutſch.	English.	Français.	Helgel.
Gebrechen	to want	manque, défaut	Gebrek.
Gebrüder	brothers	frères	Bruurs.
Gebühr	duty	devoir, dû	Laſten.
gedenken	to remember	penser à	beſenne.
Geduld	patience	patience	Geduld.
Gefahr	danger	danger, péril	Gefahr.
Gefährte	companion	compagnon	Makker.
gefallen	favour	plaire	gefallen.
Gefängniß	prison	prison	Suäärtgat.
gegen	against	contre	uhnjin.
Gehalt	salary	salaire, gages	Penſioen.
geheim	secret	secret, secrète	geheem.
gehen	to walk	aller, marcher	gung.
gehorſam	obedient	obédient	gehorſam.
Geiſt	ghost	esprit	Geiſt, Seel.
gelb	yellow	jaune	gühl.
Geld	money	argent, numéraire	Jil.
geleiten	to accompany	accompagner	begleite.
geloben	to promise	promettre, vouer	belove.
Gemach	privy	appartement	Skünneken.
Gemälde	picture	tableau	Portrett.
gemein	common	commun, ordinaire	ſchlecht.
Gemeinſchaft	partnership	communauté	Makkerſkap.
genau (ſpar=ſam)	saving	ménager, -ère	ſparſam.
geneigt	inclined	disposé, adonné	genégen.
geneſen	to recover	guérir	béter wur.
genießen	to enjoy	jouir	geneet.
genug	enough	assez	nug.
genügen	to be satisfied	être satisfait	tofréden wees.

Deutſch.	English.	Français.	Helgel.
Geographie (Erdkunde)	geography	géographie	Ihnſechten van de Ihrkugel.
Geräth	tools	ustensiles	Gereedſchap.
Geräuſch	bustle, noise	bruit	Léwend make.
Gericht (Tiſch=)	dish, dinner	mets, plat	Dawert.
Gericht	justice	justice	Gerecht (uhn't).
gering	little, small	petit, bas, vil	letj, àrm.
gern	willingly	volontiers	giàren.
Geruch	smell	odorat, nez	Nööl.
Geſang	singing	chant	Song, Geſang.
Geſchäft	business	affaire	Handwerk.
Geſchmack	taste, relish	goût, saveur	Geſmàk.
geſchwind	quick	vite, prompt	gau.
Geſicht	sight, face	visage, face	Geſecht.
Geſinde	servants	domestiques	Dienſten.
Geſpräch	conversation	conversation	Geſprek.
Geſtalt	figure	figure	Skéép.
geſtern	yesterday	hier	jiſter.
Geſtirne (Sterne)	stars	étoiles, astres	Stéren.
geſund	healthy	bien, bien portant	ſün.
getreu	faithful	fidèle, loyal	iààrelf.
Gevatter	godfather	compère	Doop = Vader.
gewähren	to grant	accorder, permettre	tùftun.
Gewehr	musket	arme, fusil	Ruur.
gewinnen	to gain	gagner	winn.
Gewiſſen	conscience	conscience	Gewéten.

2*

Deutſch.	English.	Français.	Helgol.
gewöhnen	to accustom	accoutumer	uhnwuhne.
Gewühl	crowd	tumulte, presse	Gewöhl.
Gewürz	spice	épices, épiceries	Gewürß.
gezwungen	forced	forcé	twungen.
Gicht	gout	goutte	Jicht.
gießen	to pour	verser	jüt.
Gift	poison	poison	Geft.
Gips, Gyps	gypsum	plâtre, gypse	Gips.
gipſen	to plaster	gypser	gipſe.
Glanz	splendour	splendeur	Glanz.
Glauben	to believe	croyance	Leew.
gleich	flat, equal	uni, plat, égal	metiààns.
gleiten	to glid	glisser	ſklib.
Glied	limb, member	membre	Let, Lit.
Glück	fortune	fortune, bonheur	Glük.
glühen	to glow	être rouge, rougir	gleue.
Gnade	grace	grâce, pardon	Gnade.
Grab	tomb	tombeau, sépulcre	gràf.
graben	to dig	creuser, fouir	greew.
grabbeln (krauen)	to grabble	chatouiller, gratter	grabbele.
Graf	count	comte	Graaf.
Gras	grass	herbe, herbage	Gààrs.
grau	gray	gris, grise	gri.
grob	coarse	gros, grossier	grööw.
groß	great	grand	groot.
grün	green	vert, verte	gröön.
Grund	ground	fond	Grün.
grüßen	to greet	saluer	gröte.
Grütze	grit	gruau	Grott.

Deutſch.	English.	Français.	Helgol.
Gulden	florin	florin	Gülden.
Gunſt	favour	faveur	Gunſt.
Gurgel	throat	gorge	Gurgel.
Gurke	cucumber	concombre	Agurken.

H.

Haar	hair	cheveu	Hiààr.
haben	to have	avoir	ha.
habern	to quarrel	quereller, disputer	ſtrit.
Hafen	harbour	port	Howen.
Hagel	hail	grêle, dragée	Haaiel.
Hahn	cock	coq	Höhn.
halb	half	demi	huààlew.
Halm (Stroh=)	halm	tuyau, tige	Halm (Stri=).
Hals	neck	cou	Hals.
halten	to hold	tenir	hool (faſt=).
Hammelfleiſch	mutton	du mouton	Skiààpflehſk.
Hammer	hammer	marteau	Hömmerk.
Hand	hand	main	Hun.
handeln	to trade	faire commerce	handele.
hangen	to hang	être suspendu	hinge.
Häring	herring	hareng	Hiààring.
Harke	rake	râteau	Riew.
harmoniren	to agree	s'accorder	eenig wees
hart	hard	dur	hàr.
Harz	rosin	résine	Haartz.
Hase	hare	lièvre	Haas.
haſſen	to hate	haïr	haſſe.
Haube	cap	coif, bonnet	Müts, Hül.
Hauch	breath	souffle, aspiration	Odem.

Deutſch.	English.	Français.	Helgel.
Haupt	chief, head	chef, tête	Haupt.
Haus	house	maison	Hüs.
Haut, Fell	skin, hide	peau, cuir	Hüd, Fall.
heben	to lift	lever	apleft.
heďen	to hatch	couver	bräbben (to bröb).
hehlen	to conceal	receler	verhéle.
Heiland	saviour	le Sauveur	Jeſus.
heilen	to heal	guérir	héle.
heim (baheim)	home	à la maison, chez soi	berénn.
heimlich	secret	secret, secrètement	hemelfen.
heirathen	to marry	marier	foſtjiew.
heizen	to heat	chauffer	hiààtmaſe.
hell	clear	clair	hell, ſlaar.
Hemb	shirt	chemise	Hemb.
Henne	hen	poule	Huhn.
herabfallen	to fall down	tomber en bas	hendeel faal.
herein! (Ruf)	come in!	entrez!	ſum ihn!
herholen	to fetch	amener	hale.
herrlich	glorious	glorieux	herrlig, raar.
herunter	down	en bas	beel.
Heu	hay	foin	Jobber.
Heuchler	hypocrite	hypocrite	Hücheler.
heulen	to howl	hourler	hüle.
heute	to-day	aujourd'hui	bolling.
Hieb	stroke	coup	Hau, Slag.
hinab	downward	en bas, vers en bas	hendeel.

Deutſch.	English.	Français.	Helgol.
hinauf	upward	en haut, en montant	henboppen.
hineingehen	to go in	entrer	ihngung.
hingeben	to give away	donner, abandonner	wegbù.
hinten	behind	derrière	béhſt.
hinterlaſſen	to leave behind	laisser	naliààt.
Hitze	heat	chaleur, ardeur	Het.
hoch	high	haut, haute	hoog.
Hof	yard	cour	Guààd.
hoffen	to hope	espérer	höpe.
Holz	wood	bois	Holt.
Honig	honey	miel	Henneng.
hören	to hear	écouter, entendre	hiààr.
Horn	horn	corne	Huhrn.
Hoſen	breeches	pantalon, culotte	Brök.
Hügel	hill	colline	Berg.
Huhn	fowl, hen	poule	Huhn.
Hülfe	help	secours, aide, assistance	Help, biſtun.
Hummer	lobster	homard	Hommer.
Hund	dog	chien	Hün.
hüpfen	to hop, chump	sautiller, gauter	hupſſe.
hurtig	quick	alerte, expéditif	gau.
huſten	to cough	tousser	hoſte.
Hut	hat	chapeau	Hud.
hüten	to guard	garder	uhnachtnem.
Hütte	cottage	cabane, baraque	Hüſſen.

Deutſch.	English.	Français.	Helgel.

I.

Deutſch.	English.	Français.	Helgel.
Ich bin	I am	je suis	Ik ben.
immer	always	toujours	altib.
Ingwer	ginger	gingembre	Ingför.
insgeſammt	altogether	tout ensemble	allemaal.
inſonderheit	especially	spécialement	beſonders.
inwendig	interior	intérieur, en de- dans	van binnen.
irren	to err	errer, se tromper	vergeſſe.

J.

Deutſch.	English.	Français.	Helgel.
Jawohl	yes, surely	oui oui, si fait	Jawel.
jagen	to run	chasser, faire courir	jage, loop.
Jahr	year	an, année	Juààr.
Jedermann	every one	chacun, tout le monde	Nàrkiààn.
jederzeit	at every time	toujours, de tout temps	altib.
jedoch	however	toutefois, pour- tant	man.
Jemand	somebody	quelqu'un	iàànmenſk.
jetzt, nun	now	à présent, main- tenant	nô, nä.
Jude	jew	Juif	Juud.
Jugend	youth	jeunesse	Jongbulk.
Jungfer	virgin	vierge, pucelle	Jumfer, Jamel.
Jungfrau	virgin maid	pucelle, demoiselle	Jongwüf.
Junggeſell	bachelor	garçon, puceau	Jong.

Deutsch.	English.	Français.	Helgel.

K.

Deutsch.	English.	Français.	Helgel.
Kabeljau	codfish	cabillaud	Kablaaw.
Kabeltau	cable	câble	Kaweltaag.
kahl	bald	chauve, pelé, nu	kahl.
Kajüte	cabin	cajute	Kajüt.
Kalb	calf	veau	Kalfken.
Kalk	chalk, lime	chaux	Kalk.
kalt	cold	froid	kuhl.
Kamisol (Weste)	waistcoat	camisole, veste	West.
Kamm	comb	peigne	Kumm.
Kammer	chamber	chambre	Dörnsk.
Kaninchen	rabbit	lapin	Kaninek.
Kanne	can, pot	pot	Kon.
Kante	border	carne, arête	Kant, Rand.
Kanzel	pulpit	chaire	Pretjstuhl.
Kappe	cap	cape, bonnet	Kap.
Karre	cart	brouette	Kehr.
Karte	map	carte	Kaart.
Kartoffel	potatoes	pomme de terre	Kantüffels
Käse	cheese	fromage	Sies.
Kastanie	chesnut	châtaigne	Kostanj.
Kattun	cotton	coton	Kottuhn.
kauen	to chew	mâcher	kawe.
kaufen	to buy	acheter	koope.
keilen	to wedge	cogner	kiele.
Keller	cellar	cave	Keller.
kennen	to know	connaître	kan.
Kessel	kettle	chaudron	Zettel.
Kette	chain	chaîne	Keed.

Deutſch.	English.	Français.	Helgel.
Kind	child	enfant	Kin.
Kinn	chin	menton	Kenn.
Kirche	church	église	Kaàrk.
Kirſche	cherry	cerise	Kaſzbéren.
klagen	to complain	complaindre	klage.
Klang	sound	son	Klàng.
klar	clear	clair	klar.
kleben	to cleave	rester, coller	plakke.
kleiden	to dress	habiller	uhnti.
klein	little, small	petit, petite	letj.
klemmen	to pinch	serrer, presser	klàmm.
klettern	to climb	grimper, gravir	krummele.
Klinke(Thür=)	latch	loquet	Kleenk.
klopfen	to knock	heurter, battre	klappe.
klug	prudent	prudent	klook.
Knie	. knee	genou	Knébiààn.
Knöchel	knuckle	cheville	Knökkel.
Knopf	button	bouton	Knop.
kochen	to boil	bouillir, cuire	köke.
Kohl	cabbage	chou	Kuààl.
Kohlen			
(Stein=)	coals	houille	Köhl.
Kolik	gripes	colique	Grepp (de).
kommen	to come	venir	köhm.
König	king	roi	Könneng.
können	to be able	pouvoir	kan.
Kopf	head	tête	Haaud.
Korb	basket	panier, corbeille	Kurw.
Korinthe'	currant	raisin de Corinthe	Korint.
Kork	cork	liège	Kuààrk.

Deutſch.	English.	Français.	Helgel.
Korn	corn	grain, blé, seigle	Kuurn.
koſtbar	expensive	coûteux, cher	jüür.
koſten	to taste	goûter, essayer	pröwe.
krabbeln (kitzeln)	to grabble	chatouiller, gratter	grabbeln.
Kraft	strength	force	Kraft.
Kragen	collar	collet, rabat	Kraag.
krähen	to crow	chanter, crier	kràaie.
krank	sick, ill	malade	kraank.
Krätze	itch	gale, rogne	Skrob.
kräuſeln	to crisp	fraiser, crêper	krölke.
Kraut	herb	herbe, chou	Krüüd.
Krebs	crab	écrevisse	Kràab, Taſk.
Kreide	chalk	craie	Krit.
Krieg	war	guerre	Krich.
Krug	jug, mug	cruche	Kruk.
krumm	crooked	courbe, tortu	krüm.
Küche	kitchen	cuisine	Köken.
Kugel (Erd=)	globe	boule, globe (terrestre)	Kugel (Welt=).
Kuh	cow	vache	Kô.
Kupfer	copper	cuivre	Köper.
kurz	short	court, courte	kurt.
küſſen	to kiss	baiser	pààike.

L.

Laberdan	Aberdeen fish	morue salée	Lang (Fiſk).
lachen	to laugh	rire	laache.
Lack	sealing wax	laque, cire d'Espagne	Lak.

Deutſch.	English.	Français.	Helgel.
Labe	chest, box	caisse, coffre	Laab.
laden	to load	charger	lébene.
lahm	lame	perclus, boiteux	laam.
Lamm	lamb	agneau	Lamken.
Lampe	lamp	lampe	Lamp.
Land	country	pays	Lun.
lang	long	long, longue	lung.
langſam	slow	lent, lente	lahngſaam.
Lappen	patch	lampeau, guenille	Lap.
Laterne	lantern	lanterne	Lüchter.
Lattenwerk (Zaun)	lathwork	treillage	Stakker.
Laube	arbour	berceau	Lööw.
laubig	leaved	feuillu, touffu	blèberig.
laufen	to run	courir	loop.
laut	loud	haut, haute	bigt.
läuten	to ring	sonner	klinke.
Leben	life	vie	Léwwe.
Leber	liver	foie	Liwer.
leblos	lifeless	inanimé, mort	buààb.
Leck	leaky	voie d'eau	Lak.
lecken	to lick	lécher, lapper	leffe (uf=).
Leckermaul	sweet tooth	friand	Lekkertehn.
Leder	leather	cuir	Ledder.
ledig	empty	vide	leddig.
legen	to lay	mettre, placer	lei.
Lehm	loam, clay	terre grasse	Klàài.
lehren	to teach	enseigner, instruire	liààr, ünner= rechte.
Lehrer	instructor	maître, professeur	Liààrmeiſter.

Deutsch.	English.	Français.	Helgel.
Lehrling	apprentice	apprenti	Stuhljong.
Leib	body, belly	corps, ventre	Lif, Körper.
leicht	light, easy	facile, aisé, léger	legt.
leiden	to suffer	suffrir, endurer	Pien ütstun.
leihen (an=)	to borrow	prêter, emprunter	burge.
leihen (ver=)	to lend	prêter, louer	liààn.
Leine	line, cord	corde, cordeau	Lien, taauw.
Leinen	linnen	toilerie	Lennen.
leiten	to guide, lead	guider, mener	lied.
Leiter	ladder	échelle	Labber.
lernen	to learn	apprendre	wat liààr.
lesen	to read	lire	lees.
Leuchter	candlestick	chandelier	Légtstühner.
Leute	people	gens, monde	Mensken.
Lexicon	dictionary	dictionnaire	Wurrenbuk.
licht, hell	light, bright	clair	lèègt, hell.
Licht, Kerze	candle	chandelle	Lèègt.
lieben	to love	aimer	lif ha.
liegen	to lie, lay	être couché	lüüg.
Lippe	lip	lèvre	Lep.
lispeln	to lisp	siffler, chuchoter	pissele.
listig, arg	cunning	rusé, fin	listig.
loben, rühmen	to praise	louer, faire l'éloge	lobe, röhme.
Loch	hole	trou, ouverture	Gat.
locken (an=)	to call	appâter, amorcer	loffe (üt=).
Löffel	spoon	cuillère	Leppel.
Lohn	reward	gages, salaire	Luààn.
los	loose	lâche, détaché	los.
Loth (Blei)	lead	plomb	Blei ('n Luààb.)

Deutſch.	English.	Français.	Helgel.
Lootſe	pilot	lamaneur, pilote-côtier	Luà*à*ts.
Löwe	lion	lion	Lööw.
Luftröhre	air, windpipe	traché-artère	Lochtpiep.
Lüftchen	breeze	souffle, vent léger	Lochtjen.
lügen	to tell a lie	mentir	lögen.
Lügner	liar	menteur	Lögeniàr.
Lunge	lungs	poumon	Long.
Lufthaus (Villa)	summerhouse	maison de plaisance	Läßthüs.

M.

Machen	to make	faire, produire	make.
Macht	power, strength	puissance, pouvoir	Macht, Kraft.
Madame	mistress, lady	madame	Fru, Wüff.
Mädchen (Dienſt=)	maid, girl	fille, servante	Famel.
Magd (Dienſt=)	servant	servante	Famel (Dienſt=).
Magen	stomach	estomac	Maag.
mager	lean	maigre	mager.
Mahlzeit	dinner, meal	dîner	Miààltib.
mahlen	to grind	moudre	grinn.
mahnen	to put in mind of	demander, exiger	möhne.
Mäkler	broker	courtier	Makler.
Makrele	mackerel	maquereau	Makferiàl.
Mal (Fleck)	spot, boundary	marque	Mahl ('t).
malen	to paint	peindre	farwe.
Mama	mamma, mother	mama	Mem.

Deutſch.	English.	Français.	Helgel.
Mamſell	young lady	mademoiselle	jong Famel.
mangeln (rollen)	to calender	calandrer	mangeln.
mangeln	to want	manquer, faillir	gebreł lieb.
mannbar	mariageable	nubile, viril	mannbaar.
Mantel	cloak	manteau	Mantel.
markiren	to mark	marquer	màárke.
Marmor	marble	marbre	Marmer.
März	March	Mars	Marts.
Maske(Larve)	mask, visor	masque	Belkenkop.
Maß	measure	mesure	Miààt.
Maſt	mast	mât	Mehſt.
mäſten	to feed	engraisser	fat make.
Matroſe	sailor	matelot	Seemann.
Mauer	wall (brick-)	mur, muraille	Mühr.
Maurer	mason	maçon	Mührmann.
Maus	mouse	souris	Müs.
Meer (mittel= ländiſches)	Mediterranian	la Méditerranée	Medlands= See.
Mehl	flower	farine	Mehl.
mehr	more	plus	muààr
meiden	to avoid	éviter	miede.
Meile	mile	mille, lieue	Miel.
mein	mine	mon, ma	mien.
Meineid	perjury	parjure	falſt Eed.
Meinung	opinion	opinion, avis	Mééning.
meiſt	most	le plus	miàaſt.
Meiſter	master	maître	Meiſter.
melden (ſagen)	to mention	annoncer, avertir	melle (uhn=).
melken	to milk	traire	molke.

Deutſch.	English.	Français.	Helgel.
meſſen	to measure	mesurer	meet.
Meſſer	knife	couteau	Kniff
Metall	brass	métal	Mesken.
Mettwurſt	sausage	andouille, cerve-lat	Sniààrmar-rig.
Metzger (Schlächter)	butcher	boucher	Slaagter.
miethen	to hire	arrêter, affréter	hüre.
Milch	milk	lait	Molk.
milbthätig	charitable	charitable	gubgeefsk.
minder	less	moins, moindre	menner.
mir, mich	to me, me	me, moi	mi.
miſchen	to mix	mêler	menge.
Mißgeburt	miscarriage	monstre; avorte-ment	Misgeburt.
Mißgunſt	envy, grudge	envie, jalousie	Mesgunſt.
miſten (dün-gen)	to dung	fumer	niokſe.
Mitleiden	compassion	pitié	Metlieden.
Mittag	noon	midi	Mebbààì.
Mittwoch	Wednesday	Mercredi	Mebbewéken.
mögen	to may, like	pouvoir, avoir le droit	màài.
möglich	possible	possible	mögelk.
Monat	month	mois	Muhnt.
Mond	moon	lune	Muhn.
morden	to murder	tuer, massacrer	murige.
Möwe	mew (seabird)	mouette	Kubb.
müde	tired	fatigué, las	mööd.
Mühe	pains, trouble	peine	Meut, Moit.

Deutſch.	English.	Français.	Helgol.
Munb	mouth	bouche	Müt.
Münze	coin, money	monnaie, argent	Jill.
murren	to grumble	murmurer	grone.
Musfatnuß	nutmeg	noix muscade	Màsfatnött.
Muskatwein	muscadel	viu muscade	Màsfatwien.
müſſen	to be obliged	falloir, devoir	mut.
Muth	courage	courage	Mub.
Mutter	mother	mère	Mem.
Müße	cap, bonnet	casquette, bonnet	Ràp.

N.

Nachbar	neighbour	voisin	Nààiber.
nachbeten	to pray after	répéter une prière	naberege.
nacheſſen	to eat afterwards	manger après les autres	naiht.
nachfolgen	to follow	suivre	najullege.
nachgehen	to go after	marcher après	nagung.
nachgießen	to pour after	ajouter en versant	najüt.
nachgraben	to dig after	fouiller (après)	nagréw.
nachlaſſen	to leave	se relâcher, cesser	naliààt.
nachlaufen	to run after	courir après	naloop.
Nachmittag	afternoon	après-midi	Namebàài.
nachreben	to talk after	redire, médire	najnaffe.
Nachricht	account	avis, nouvelle	Naregt.
nachſchreiben	to copy	copier, écrire sous la dictée	naffriew.
nachſehen	to look after	suivre des yeux	nalufe.
Nacht	night	nuit	Naagt.
Nachtheil	disadvantage	désavantage	Nabecl.
nachtragen	to carry after	porter après	nabreeg.
nacfenb	naked	nu, nue	nafelt.

Deutsch.	English.	Français.	Helgol.
Nabel	needle	aiguille	Nébel.
Nagel (Finger=)	nail	ongle	Naaiel.
Nagel	nail	clou	Spikker.
Nägelein (Gewürz=)	clove	girofle	Négelken.
nahe	nigh, close	proche, près	nàài, techt bi.
nahen (sich)	to approach	s'approcher (de)	nààier bi kööm.
nähen	to sew	coudre	zey.
Näherei	needle work	couture	Stekke.
Naht	seam	couture, suture	Naat.
Name	name	nom	Nööm.
Nase	nose	nez	Nööß.
naß	wet, moist	mouillé, humide	wiààt.
Nation	nation	nation	Nation, Slag, Vulk.
Nebel	mist, fog	brouillard	Töök.
Neffe	nephew	neveu	Neew.
neigen (sich)	to bow	s'incliner	'n Diener màke.
nennen	to name	nommer	nàm.
nett, nieblich	neat, pretty	net, propre, joli	fein, fien.
Netz	net	filet; rets	Natt(Töger=).
neu	new	nouveau, neuf	nei.
nicht	not	ne — pas	nig.
Nichte	niece	nièce	Nigt.
nichts	nothing	ne — rien	niks.
nie, niemals	never	ne — jamais	aalsnig.
niederschreiben	to pen down	mettre par écrit	deeljkriew.
niemand	nobody	ne — personne	nemenig.
nirgends	nowhere	nulle part	nààrgenig.
Noth	need	necéssité; indigence	Nuààd.

Deutſch.	English.	Français.	Helgel.
nöthig	necessary	nécessaire	nöbig.
notiren	to note	noter	uhnſkriew.
nüchtern	sober	à jeûn, désénivrer	ochterng.
Nuß	nut	noix	Nött.

O.

Obbach	shelter	abri; asile	Dak (Ponnen=).
oben	above	en haut; au-dessus	boppen.
Oberboden	garret	grenier supérieur	Buààlkem(üp=).
Obrigkeit	magistrate	autorités publiques	Raablib.
Obſt	fruit	fruitage	Frücht.
ober, ſo	or, unless	ou	ober, wann
Oel	oil	huile	Ölle.
Ofen	oven	four; fourneau	Kaſlamen.
offen	open	ouvert	épen.
Oheim	uncle	oncle	Dom.
Ohr	ear	oreille	llààr.
opfern	to immolate	immoler, sacrifier	offere.
Orange	orange	orange	Apelſina.
Orlog (Krieg)	war	guerre	Krich.

P.

Paar	pair, couple	paire; couple	Paar, Tau.
Palaſt	palace	palais	Könnengshüs.
Pantoffeln	slippers	pantoufles	Sloffen.
Papa	papa	papa	Baar.
Pardon	pardon	pardon	Verjiew.
Paſtor	parson	pasteur; curé	Kààrkiààr.

3*

Deutsch.	English.	Français.	Helgol.
Pathe	godfather	parrain	Doopvaar.
Patient	patient, sick	patient, malade	Kraanke.
Pech	pitch	poix	Pek.
Pein	pain	peine	Pien.
Pendeluhr	pendulum	pendule	Taffelklok.
Perrücke	periwig, wig	perruque	Prüg.
Pfahl	post, pile	pieu, poteau	Puààl.
Pfanne	pan	poêle	Pon.
Pfeffer	pepper	poivre	Pöpper.
Pfeife (Tabaks=)	pipe (tabacco)	pipe (à tabac)	Piep (Tobaks=).
pfeifen	to whistle	siffler	fleute.
Pferd	horse	cheval	Hingst.
pflanzen	to plant	planter	plaante.
Pflaster	plaster	emplâtre	Plaster.
Pflaume	plum	prune	Plum.
Pflicht	duty	devoir	Sküldigkeit.
pflücken	to pluck	cueillir	plokke.
Pforte	gate, port	porte	Höök.
Pfropf	cork, stopper	bouchon	Prop.
Pfund	pound	livre (la)	Pün.
Pinsel	brush (painting)	pinceau	Pinsel.
plagen	to teaze	tourmenter	plage.
Planke	plank, board	planche	Plank.
platt	flat, level	plat, platte	plat.
plaudern	to chatter	causer, babiller	sladdern.
plump	coarse	grossier; lourd	plumbst.
Portal	portal	portail	Tahl (Uhn=).
Postgebäude	post office	poste	Posthüs.
prahlen	to boast, brag	faire gloire	grootprale.

Deutſch.	English.	Français.	Helgel.
predigen	to preach	prêcher	pretje.
Prediger	preacher	prêcheur	Ǩàǎrǩiàǎr.
Predigt (Probe=)	sermon (trial-)	sermon, prêche	Prejei (Wahl=).
Preis	price	prix	Pris (hoog uhn).
preiſen	to praise	estimer, louer	prieſe.
Priſe (eine)	pinch of snuff	prise (de tabac)	Priesjen.
probiren	to taste, try	éprouver, essayer	pröwe.
Promenade	walk	promenade	Ǩeuer.
Pudel	blunder	faute, bévue	Fehler.
Pult	desk	pupitre	Skriewpult.
Punkt(Zeichen)	point	point (signe)	Tüttel.

R.

Raa(Schiffs=)	yard	vergue	Raa (Skeps=).
Rad (Spinn=)	wheel	rouet	Rad (Spen=).
Rahm	cream	crême	Room.
Rand	edge, brim	bord, marge	Rand.
Rappé	snuff	(tabac) râpé	Snúúwtobak.
raſch	quick	vite, prompt, vif	gau.
raſen	to rave	être enragé	raſe.
raſiren	to shave	faire la barbe	potſe,balbeere.
raſten	to rest	(se) reposer	rau.
Rath	consultation	conseil; avis	Riàǎb.
Rathsſtube	public hall	salle du conseil public	Gerechtſaal.
rauh	rough	rude; âpre	rüch.
Rauch	smoke	fumée	Riàǎk.
rechnen	to cipher	chiffrer	reekene.

Deutsch.	English.	Français.	Helgol.
rechtschaffen	honest, brave	honnête	iààrelk.
reden	to speak, talk	parler	snakke.
Redner	orator	orateur	Snakker.
regen (sich)	to stir, move	se mouvoir	röör.
Regen	rain	pleuvoir	Rààien.
Regent	regent, prince	régent, gouverneur	Governöör.
reiben	to grate, grind	frotter, broyer	wrieb.
reich	rich, wealthy	riche, opulent	rif, böl Jill ha.
Reich (König=)	kingdom	royaume	Könnengrik.
reimen	to rhyme	rimer	riemele.
rein	clean, neat	pur, net, propre	rien.
Reis	rice	riz	Ris.
reisen	to travel	voyager	reise (ombi=).
reizend	charming	charmant	rar, fien.
remittiren	to remit	remettre	Jill fiààn.
rennen	to run	courir	loop, jage.
retten	to save	sauver	rebbe, berge.
Rettig	radish	raifort	Rebbig.
Reue	repentance	regret	Liààt.
Rhede	road	rade	Howen (See=).
Robbe (See=hund)	seadog	phoque; veau marin	Zeehün.
Roggenmehl	ryeflower	farine de seigle	Raagmeel.
Roß, Pferd	horse	cheval	Hingst.
roth	red	rouge	road.
ruchbar	notorious	public; notoire	bekant.
Rücken	back	dos	Rög.
Ruder	helm	rame; aviron	Ruur.
rudern	to row	ramer	rud.
rufen	to cry, call	appeler	rup.

Deutſch.	English.	Français.	Holgel.
ruhen	to rest, repose	reposer; dormir	rau.
rühmen	to glorify	vanter, louer	röhme.
ruhmredig	vainglorious	glorieux, fanfaron	grootprale.
rühren (ſich)	to stir, move	remuer; mouvoir	röör, bewegen.
rund	round	road, ronde	riin.
runzeln	to wrinkle	rider, froncer	fröffele.
Ruthe	rod	verge; baguette	Riß.
rutſchen	to slide	cauler; glisser	ſflid.
rütteln	to shake	remuer; secouer	ſfobbe.

S.

Saal	hall, room	salle	Saal.
Saat	seed	semailles, semence	Siààd.
Sache	thing, cause	chose, affaire, cause	Saaf.
Sack, Taſche	bag, pocket	sac; poche	Saf, Sfrap.
ſäen	to sow	semer	ſidd.
ſägen	to saw	scier	ſeege.
ſagen	to say, tell	dire	ſaai, ſnaffe.
Sahne	cream	crême	Rohm.
Saite	string	corde	String.
Salm (Lachs)	salmon	saumon	Lafs.
Salz	salt	sel	Saalt.
ſammeln	to gather	recueillir	apſamele.
Sand	sand	sable	Sun.
ſatt	satisfied	satisfait; rassasié	ſatt.
Sau, Schwein	hog	porc	Zwinn.
ſauber	clean, neat	net; propre	rien, fien.
ſauer	sour, acid	aigre; sur; acide	ſüiir.
ſaufen	to drink	trinquer, ivrogner	ſüp.

40

Deutſch.	English.	Français.	Helgol.
ſäumen	to hem	tarder, s'arrêter	ſuààme.
ſäumen	to tarry, stay	ourler, border	ſüme, tööw.
ſchaden	to hurt	nuire, porter dommage	fiààr do.
Schaf	sheep	brebis	Sfiààp.
Schäfer	shepherd	berger	Sfiàəphadder.
Schale	bowl	coupe, tasse	Sfeel.
ſchälen	to peel, pare	écorcer, peler	ſfelle (uf=).
ſchämen (ſich)	to be ashamed	avoir honte	ſfäme.
Schanze	bulwark	retranchement	Sfanẞ.
Schatzkaſten	treasure-box	trésor	Jillfaſt.
ſchaufeln	to shovel	travailler avec la pelle	ſfoffele.
ſchaufeln	to swing	brandiller, branler	ſtüütje.
Schaum	froth, skim	écume	Sfümm.
ſchäumen	to foam	écumer	ſfümme (uf=).
ſcheiden	to depart	séparer	ſfeede.
Schelle	bell (little)	grelot	Slof (letj).
ſchellen	to ring	sonner, tirer la sonnette	flingeln.
Schellfiſch	haddock	aigrefin	Wetleng.
Schenke	alehouse	cabaret, taverne	Sruch.
ſchenken (ein=)	to pour out	verser (dans)	ſfeenfe (uhn=).
Scheere	scissors	ciseaux	Sfiààr.
ſcheren	to shave	tondre, raser	potſe.
ſcherzen	to jest, joke	plaisanter	jofe, ſpaſe.
ſchieben (Kegel)	play nine pins	jouer (aux quilles)	Kegel ſpelle.
ſchießen	to shoot	tirer, décharger	ſfütt.
Schiff	ship, vessel	vaisseau, navire	Sfep.
Schiffer	shipmaster	navigateur	Sfepper.

Deutſch.	English.	Français.	Helgel.
Schinken	ham	jambon	Stink.
ſchlafen	to sleep	dormir	ſliààp. '
ſchlagen	to beat, strike	battre, frapper	ſloh, tageſe.
ſchleppen	to trail	traîner	ſleppe.
ſchließen	to shut	fermer (à clef)	ſlütt (tû=).
ſchlingen(ver=)	to devour	dévorer	däärbring.
Schlitten	sledge, sled	traîneau	Sled.
Schloß	lock; castle	serrure; château	Slott.
ſchlüpfen	to slip	se glisser	glib (weg=).
Schlüſſel	key	clef, clé	Slötel.
Schmalz	smalt	graisse fondue	Smolt, Fat.
ſchmauſen	to feast	faire bonne chère, banqueter	gaſteriàre.
ſchmecken	to taste	avoir le goût de	ſmak, pröwe.
ſchmelzen	to melt	fondre, se fondre	ſmolte.
ſchmerzen	to feel pain	faire mal, affliger	ſmart, pien.
ſchmutzig	dirty, nasty	sale, crasseux, malpropre	ſfettig.
Schnalle	buckle	boucle	Spang.
ſchnarchen	to snore	ronfler	ſnàǎrke.
Schnee	snow	neige	Snî.
ſchneiden	to cut	couper	ſtiàǎr (tû=).
Schneider	tailor	tailleur	Snieder.
ſchneien	to snow	neiger	ſneit (deht).
Schnickſchnack	twittle-twattle	verbiage, galimatias	Snikſnak.
ſchön	beautiful	beau, belle	rar, ſien.
Schooß	lap	giron, sein	Skuààt (üüp).
ſchrauben	to screw	tourner la vis	ſtrüwe.
ſchreiben	to write	écrire	ſtriew.

Deutſch.	English.	Français.	Helgol.
ſchreien	to cry	crier	gààl.
Schritt	step, stride	pas, démarche	Treed, trett.
ſchüchtern	shy	timide	huààch, bang.
Schuh	shoe	soulier	Skû.
Schuld	guilt, debt	dette	Sküll.
Schuldbuch	account-book	livre de compte	Sküllbuk.
Schüler	scholar	écolier	Skkuhljong.
Schüſſel	dish, bowl	plate, terrine	Sköttel.
Schuſter	shoemaker	cordonnier	Skûmaker.
Schwager	brother-in-law	beau-frère	Zwager.
Schwefel	brimstone	soufre	Zwavel.
ſchweigen	to be silent	se taire	zwiege.
ſchwer	heavy	pesant, lourd, difficile	zwaar.
Schweſter	sister	sœur	Söſter.
Schwieger= eltern	parents-in-law	beau-père et belle-mère	Zwiegerohlen.
Schwieger= ſohn	son-in-law	gendre	Zwiegerſöhn.
ſchwimmen	to swim	nager	zwumme.
ſchwitzen	to sweat	suer, transpirer	zwat.
See	sea	la mer	See.
Seeleute	seamen	marins, gens de mer	Matroſen, Seelüd.
Seele, Geiſt	soul, mind	âme, esprit	Seel, Geiſt.
Segel	sail	voile	Saaiel.
ſegnen	to bless	bénir	ſégene.
ſehen	to look, see	voir, regarder	ſî, lûfe.
Sehne	nerve	nerf, tendon	Senn.
ſehr gut	very good	très-bon	heel gud, fien.

Deutſch.	English.	Français.	Helgel.
Seide (rauhe)	silk (raw)	soie écrue, soie grèze	Sied (rüch).
Seife	soap	savon	Siààp.
Seil, Tau	rope, line	corde, câble	Taaw, Lien.
Seiler	ropemaker	cordier	Riààpfleger.
ſein	to be, exist	être, exister	wees, beſtun.
ſeitdem	since that time	depuis ce temps-là	van di Tid uf.
Seite	side	côté	Sid.
ſelbſt ich	self (I my-)	moi-même	ſallew (if).
ſelig	happy	bien heureux	ſelig (tûfreden).
ſenden	to send	envoyer	ſiààn.
Senf	mustard	moutarde	Sennep.
ſenken	to let down	abaisser, descendre	ſink liààt.
Serbiette	napkin	serviette	Serfet.
ſetzen (ſich)	to sit down	s'asseoir	ſet (deel=).
Silber	silver	argent	Sölwer.
ſingen	to sing	chanter	ſong.
ſinken	to sink	s'enfoncer, couler à fond	ſink (önner=).
ſinnen	to consider	méditer	ſenne (be=).
Sirene	mermaid	sirène	Meerwüſfen.
ſitzen	to sit	être assis	ſet.
Sohn	son	fils	Söön.
ſollen	to be obliged	être obligé; devoir; falloir	ſkel.
ſondern	but	mais	aber.
Sonne	Sun	soleil	Sön.
ſorgen	to take care	soigner, se soucier de	ſurge.
ſpalten	to cleave	fendre	ſplet, ſplit.

Deutſch.	English.	Français.	Helgel.
ſpät (es iſt)	late (it is)	il fait tard	leet (deht es).
ſpazieren	to walk	se promener	feuere.
Speck	bacon	lard	Spàk.
Speicher (im)	warehouse(in the)	au magasin	Buub(uhn de).
Speiſe	victuals, meat	nourriture, ali- ment	Jhten.
ſpeiſen	to eat	manger	iht.
Spiegel	looking glass	glace	Speegel.
ſpielen	to play	jouer	ſpelle.
ſpinnen	to spin	filer	ſpenn.
Spinnrad	spinning wheel	rouet	Spennrad.
ſpitzen	to point	aiguiser	ſpitſkmate.
Spitzen	lace	dentelle, points	Knöppels.
Sprache	language	langue	Spröök.
ſprechen	to speak, talk	parler	ſnakke, ſpreek.
Sprung	spring, jump	saut	Spraang.
ſpülen	to rinse, wash	rincer, laver	ſpööl (ut=).
ſputen (ſich)	to make haste	se hâter	gau wees.
Stadt	town, city	ville, cité	Stab.
Stall	stall, sty	étable, écurie	Stal (Ski= ààp=).
ſtark	strong, stout	fort	ſtààrk.
Staub	dust	poussière	Stof.
ſtauen (Waſſer)	to stow (water)	hausser, faire hausser les eaux	ſtaue.
ſtaunen	to be astonished	s'étonner	verbaaſt.
ſtechen	to sting	poindre	ſteek.
Steg	wooden bridge	planche, chevalet	Stech (Plank).
ſtehen	to stand	être debout	ſtun.
Stein	stone	pierre	Stiààn.

Deutsch.	English.	Français.	Helgel.
Steingut	earthenware	gresserie, faïence	Stiààngud.
sterben	to die	mourir	sterw.
Stern	star	étoile, astre	Stehr.
stets	continually	continuellement	altib, immer.
steuern(Schiff)	to steer (vessel)	gouverner un navire	stüre (Skeb).
Stiefel	boots	bottes	Stawélen.
still	silent, calm	tranquille, calme	buààdstell.
Stimme	voice	voix	Stem.
Stirn	front	front	Vörhaaud.
Stock(Spazier=)	stick, cane	canne	Stok.
stolz	proud	fier, hautain	hoogfarrig.
stracks, sofort	immediately	immédiatement	metiààns.
strafen	to punish	punir	strafe.
straff	tight, close	raide, fort tendu	stram.
Strand	shore	rivage, plage	Strunn.
strapaziren	to overtire	fatiguer	strapziààre.
Straße	way, road, street	rue, chemin	Straat,Wàài.
streiten (sich)	to dispute	se disputer	strib (jà).
streuen	to strew	épandre,répandre	streue.
stricken	to knit	tricoter	prekkele.
Stroh	straw	paille	Stri (bààd=).
Strom	current	fleuve	Struààm.
Strümpfe	stockings	bas	Hösen.
Stube	room	chambre	Dörnsk.
Stückchen	small piece	petite pièce, morceau	Betjen.
Stufe	step	pas, marche	Trap (Borrig).
Stuhl	chair	chaise	Stuhl.
Stunde	hour	heure	Stiin.

Deutsch.	English.	Français.	Helgol.
Sturm	storm, tempest	tempête	Sturmwin.
suchen	to seek, search	chercher	söök.
Suppe	soup, broth	soupe	Sup.
süß	sweet	doux, douce	swet.
süßes Brod	sweet bread	du pain doux	Swetbruààd.
Syrup	strop, treacle	sirop	Sirop.

T.

Deutsch.	English.	Français.	Helgol.
Tabak	tobacco	tabac	Tobak.
Tafel	table	table	Tàffel.
Tag (heutiger)	day (this, to-)	jour, ce jour, aujourd'hui	Dààі, Dolleng.
tanzen	to dance	danser	spring.
tapfer	valiant, brave	brave	heldmuddig.
Tasche	pocket	poche	Skrapp.
Taschenbuch	pocketbook	livre de poche, carnet	Taskenbuk.
Tasse	cup	coupe	Tas, Kopken.
Tau (Leine)	cord, rope	câble, corde	Taau, Lien.
Tau (Anker=)	cable	câble (de retenue)	Taau (plegt=).
taub	deaf	sourd	duààf.
Taube	dove, pigeon	pigeon, colombe	Düüw.
tauchen	to dive	plonger	dük (önner=)·
taufen	to baptize	baptiser	döpe.
tauschen	to barter	troquer, échanger	tuhske.
Teig (Sauer=)	dough	levain	Dài (Sühr=).
Teller	plate	assiette	Tolliàà.
Thal	dale, valley	vallée	Dahl.
thauen	to thaw	tomber (de la rosée)	daue, tuààin.

Deutsch.	English.	Français.	Helgel.
Thee	tea	thé	Thee.
theilen	to divide	diviser, partager	skeft.
Thor	gate	porte	Door.
Thür	door	porte	Döör.
Thurm	steeple	tour, clocher	Toren.
tief	deep, low	profond, bas	jip.
Tinte	ink	encre	Blak.
Tischler	joiner	menuisier	Disker.
Tochter	daughter	fille	Dugter.
Topf	pot	pot	Pot.
Töpfer	potter	pottier	Pottenmaker.
Torte	tart	tarte, tourte	Taart.
träge	lazy	inerte, paresseux	lui.
tragen	to carry	porter, supporter	dreeg.
trauen (sich lassen)	to marry	se marier	kostjiew.
trauen	to trust	se fier à, en	vertrau.
träumen	to dream	songer, rêver	drem.
traurig	sorrowful	triste, affligé	bedrübet.
trennen	to separate	séparer	scheede.
Treppe	stairs	escalier, monté	Trap, Borrig.
treten	to tread, step	mettre le pied sur, marcher sur	stap, treed.
treu	faithful	fidèle, loyal	iààrelk.
Trieb	inclination	inclination	Löft, Ver= langen.
trocken	dry	sec, sèche	drüüg.
trommeln	to beat the drum	battre le tambour	bunge.
tröpfeln	to drop, drip	dégoutter, couler	dröpe, drib= bele.

Deutſch.	English.	Français.	Helgol.
tröſten	to console, condole	consoler	trööſte.
trunken	intoxicated	ivre, enivré	drunken.
Tugend	virtue	vertu	Tugend.

U.

Übel	evel, ill, not well	mauvais, méchant	Awel, nig well.
üben (ſich)	to practise	s'exercer	öwe.
über	over	sur, au-dessus	awer.
überall	everywhere	partout	allerwégen.
überblättern	to turn over	feuilleter	awerbleede.
überdecken	to cover over	recouvrir	tùdekke.
überdenken	to consider	méditer	awerteenk.
überein=ſtimmen	to agree, accord	être d'accord	eenig wur.
überfahren	to go, pass over	passer	awerfahr.
Überfluß	abundance	abondance, superflu	Awerflud.
übergeben	to surrender	rendre, délivrer	awerjiew.
übergießen	to pour over	verser dessus	awerjüt.
überhängen	to hang over	suspendre, être suspendu	awerhinge.
überkochen	to boil over	déborder en bouillant	awerköke.
überladen	to overlaad	surcharger	awerleeden.
überlaſſen	to permit	laisser passer, céder	awerliàat.
überlaufen	to run over	déborder, déserter	awerloop.
überleben	to overlive	survivre	awerléwe.

Deutſch.	English.	Français.	Helgel.
übermalen	to paint over	repeindre	aiverfarive.
übermorgen	the day after to-morrow	après-demain	aivermaren.
überreden	to persuade	persuader	beſnatfe.
überreichen	to reach over	présenter	aiverdò, ſing.
Ueberrock	great coat	surtout	Aiverrof.
überſchicken	to send over	envoyer	aiverſiààn.
überſchneien	to oversnow	couvrir de neige	aiverſnài.
überſchreiben	to superscribe	écrire sur	aiverſkriew.
überſchwimmen	to swim over	passer en nageant	aiverſiwoninic.
überſehen	to look over	passer les yeux sur	aiverſi, lufe.
überſteigen	to step over	surmonter	aiverſtappe.
übertragen	to transfer	transporter	aiverdreeg.
übertreiben	to carry too far	outrer, exagérer	aiverdréiven.
überweißen	to whiten	blanchir	aiverkalfe.
überwinden	to conquer	vaincre	aiverwin.
überzählen	to count over	compter	aivertààl.
überzeugen	to convince	convaincre	aiverföre.
Ufer	beach	rivage, plage	Strum.
Uhr, Glocke	watch, clock	montre	Üür, Klok.
umdrehen	to turn	faire tourner	ombrey.
umgehen	to go round	tourner	omgiing.
umgraben	to dig up	remuer, fouiller	omgreew.
umkehren	to turn back	retourner	omfiààr.
umlaufen	to run about	faire le tour de	rünombiloop.
umpflanzen	to transplant	transplanter	omplaante.
umreißen	to pull down	renverser	omriew, raf.
umrühren	to stir up	remuer	omröör.
umſchauen	to look about	regarder autour de soi	omlufe.

50

Deutsch.	English.	Français.	Helgel.
umſchmelzen	to melt again	refondre	verſmolte.
umſchmieden	to reforge	reforger	verſméde.
umwälzen	to roll about	faire tourner	omrölle.
umwechſeln	to change places	faire tour à tour, alterner	verweſſele.
Umweg	round about way	détour	Omwàài.
umwehen	to blow over	renverser en soufflant	omwàỷ.
umwenden	to turn about	tourner, remuer	omfiààr.
umwerfen	to throw about	renverser, mettre	omſmit.
unangenehm	displeasant	désagréable	ünangenehm.
unbedeutend	insignificant	insignifiant	ünbedüdend.
unbekannt	unknown	inconnu	ünbefant.
unbeleſen	ignorant	ignorant	ünbeleeſen.
unbeſcheiden	indiscreet	indiscret	ünbeſchééden.
unbeſorgt	careless	insoucieux	ünbeſurgt.
unbeweglich	immoveable	immobile	ünbeweglich.
unbillig	unreasonable	injuste, inique	ünbillig.
undankbar	ungrateful	ingrat	ündanfbar.
undeutlich	indistinct	indistinct, confus	ünbütelf.
unerfahren	inexperienced	inexpérimenté	ünerfahren.
ungeduldig	impatient	impatient	üngedüldig.
ungerecht	injust	injuste	ünrecht.
ungeſellig	unsociable	unsociable	üngeſellig.
ungeſund	unwholesome	malsain	ünſün.
ungetreu	unfaithful	infidèle, perfide	üntreu.
ungewogen	unweighed	non pesé	ünwcegen.
ungewogen	unaffectionate	mal affectionné	Nifsgon wees.
Ungunſt	disaffection	malveillance	Üngonſt.
unhöflich	incivil, impolite	impoli	ünbeleeft.

Deutſch.	English.	Français.	Helgel.
unklug	imprudent	imprudent	nig kloot.
Unkraut	weed	mauvaises herbes	Ünkrüüb.
Unmenſch	inhumane	barbare	Bàrbaar.
unnöthig	unnecessary	non nécessaire, superflu	ünnöbig.
unpäßlich	indisposed	indisposé	kraankelt.
unreblich	dishonest	mal-honnête	ünrebelk.
Unſchuld	innocence	innocence	Ünſkülb.
unſichtbar	invisible	invisible	ünſechtbar.
unſterblich	immortal	immortel	ſelig, éwig= blieb.
unten	below	en bas	bebeelen, änner.
Unterhoſen	drawers	caleçons	Ännerbrök.
Unterlippe	underlip	lèvre inférieure	Ännerlep.
unternehmen	to ondertake	entreprendro	ännernent.
unterrichten	to instruct	instruire	ännerrechte.
Unterrock	underpetticoat	jupon, cotillon	Ännerrok.
unterſcheiden	to distinguish	distinguer	ännerſkeebe.
unterſchreiben	to subscribe	souscrire	ännerſkriew.
unterſuchen	to inquire	rechercher, examiner	ännerſöök.
Untertaſſe	saucer	soucoupe	Theeſköttelken.
Unterthan	subject	sujet	Ännerbaan.
Untiefe	shallow	bas-fond, basse	Flag, nig jip.
untreu	unfaithful	infidèle, perfide	üntreu.
unverboten	unforbidden	non défondu	ünverbében.
unverbaulich	indigestible	indigeste	ünverbaulik.
unverberblich	incorruptible	incorruptible	ünverberwlik.
unverborben	uncorrupted	incorrompu	ünverbürwen.

4*

Deutſch.	English.	Français.	Helgel.
unverhofft	unhoped	inespéré, imprévu	unverhöpet.
Unverſtand	imprudence	imprudence	Ünverſtand.
unverzagt	intrepid	intrépide	ünverzagt.
unwiſſend	ignorant	ignorant	ünwettend.
Unwiſſenheit	ignorance	ignorance	Dummheit.
Unzeit	wrong time	contre-temps	Ünrechttib.
Urheber	author	auteur	Uhnfanger.
Urlaub	leave	congé	Erlaubniß.
Urſache	cause, reason	cause, raison	Uààrſaak.

V.

Deutſch.	English.	Français.	Helgel.
Vater	father	père	Vaar.
verabreden	to concert, agree	convenir de	vöruſſnakke.
veraccordiren	to make an agreement	accorder	afforbiààre.
verbauen	to waste in building	dépenser en bâtiments	verboue.
verbergen	to conceal, hide	cacher	verwahre.
verbeſſern	to amend	améliorer	verbeetere.
verbleiben	to remain	demeurer, rester	verbliew.
verblühen	to decay, fade	défleurir, périr	verweelfe.
verbrauchen	to consume	consumer	verbrük.
verbrennen	to burn	brûler	verbà6rne.
verbringen	to spend	passer	bäärbring.
verderben	to be spoiled	gâter, se corrompre	verderwe.
verdeutſchen	to translate	expliquer clairement	verbiiütsfe.
verdienen	to deserve	mériter	vertiene.
verdolmetſchen	to interpret	interpréter	awerſat.

Deutſch.	English.	Français.	Helgel.
verdoppeln	to double	doubler	verbübbele.
verdrießen	to grieve	chagriner, fâcher	vertrött.
verdunkeln	to darken, obscure	obscurcir	bejunke.
vereinigen	to unite, join	unir, joindre	vereenige.
verfallen	to decay, fall	tomber en décadence	verfullen.
verfolgen	to pursue	poursuivre	verfulge.
vergeben	to forgive, pardon	pardonner	verjiew, verjewwen.
vergehen	to vanish	passer, finir	vergung.
vergessen	to forget	oublier	verjetten.
vergleichen	to compare	comparer	verglikke.
vergnügen	to please	plaire	vergnögen.
vergönnen	to permit, grant	permettre	vergon.
verhoffen	to hope	espérer	verhöpe.
verhüten	to prevent	empêcher, prévenir	verhüte.
verkaufen	to sell	vendre	verkoope.
verklagen	to accuse	accuser	verklage.
verkochen	to boil away	consommer en cuisant	verköke.
verkündigen	to proclaim	publier	ujnäm.
verlahmen	to grow lame	dévenir estropié, lâcher	verlomme.
verlängern	to lengthen	alonger	verlunge.
verleugnen	to deny, disown	renier, démentir	verlöchene.
verlieren	to lose	perdre	verlieš.
verloben	to betroth	fiancer	verlobe.
vermählen (ſich)	to marry	se marier	koſtjiew.

Deutsch.	English.	Français.	Helgol.
vermahnen	to admonish	exhorter	vermöhne.
vermehren	to multiply	multiplier	vermiààre.
vermeiden	to avoid	éviter	vermiede.
vermindern	to diminish	diminuer	vermennere.
vermischen	to mix, mingle	mêler, confondre	vermenge.
Vernunft	reason, sense	raison, bon sens	Verstand.
verpflanzen	to transplant	transplanter	verplaante.
versammeln	to assemble	assembler	versamele.
versäumen	to neglect	négliger, man-quer	versüme.
verschaffen	to procure	procurer	verskaffe.
verschieben	to delay, remove	différer, retarder	versküülu.
verschieden	diverse, sundry	différent, divers	verskeeden.
verschimmeln	to mould	moisir, se chancir	verskemmele.
verschmachten	to faint away	défaillir, longuir	swimme.
verschmähen	to despise	dédaigner, mé-priser	verachte.
verschmelzen	to melt	mêler, unir	versmolte.
verschreiben	to write wrong	se tromper en écrivant	versfriew.
verschweigen	to conceal	taire	verswiege.
verschwinden	to disappear	disparaître	verswinne.
versehen	to err, mistake	se tromper, se méprendre	versî, irre.
versenden	to send away	envoyer, expédier	versiààn.
versengen	to singe	roussir, brouir	versfruije.
versichern	to assure	assurer	verseekere.
versieden	to boil away	consommer en cuisant	verköke.
versiegeln(Brief)	to seal (a letter)	cacheter, sceller	versiegele.

Deutſch.	English.	Français.	Helgol.
verſöhnen (ſich)	to reconcile	réconcilier	verſöhne, ver= jiew.
verſprechcn	to promise	promettre	verſpreek.
verſtändig	skilful	intelligent, sage	vernünftig.
verſtärken	to strengthen	fortifier	verſtààrke.
verſtatten	to permit	permettre	tuſtun.
verſtehen	to onderstand	comprendre	verſtunn.
verſuchen	to try, attempt	essayer, expéri- menter	verſöök, pro= bére.
Vertrag	agreement	convention, traité	Kontrakt.
verurſachcn	to cause	occasionner, causer	veruààrſake.
verwahren	to preserve	garder, conserver	verware.
verwalten	to manage	administrer	vörſtun.
verwünſchen	to curse	maudire, exécrer	verwenſke.
verzählen (ſich)	to mistell	se mécompter	vertààl.
verzeihen	to pardon	pardonner	verjiew.
Vetter	cousin	cousin	Unkel, Ohm.
Vieh	beast, brute	bétail	Vee, Beeſt.
viel (zu)	much (too)	trop (de)	völ (to).
Vielfraß	gullygut	glouton	Freetſak.
viel geliebt	much beloved	bien-aimé, chéri	giààrenlieb.
vielleicht	perhaps, may be	peut-être	verlegt.
Viereck	square	carré	Viààrkant.
Vogel	bird, fowl	oiseau	Fink.
Volk, Leute	people, nation	peuple, nation, gens	Vulk, Kààr= men.
vollblütig	sanguine	pléthorique	volblubbig.
vollbringen	to accomplish	accomplir	volbring.
vollenden	to end, finish	finir, achever	volende.

Deutſch.	English.	Français.	Helgol.
Vollmacht	authority	plein-pouvoir	Volmacht.
Vollmond	fullmoon	pleine lune	Volmuun.
Volontair	volunteer	volontaire	Freiwelliger.
von wo	from where	d'où	van uåår.
voraus	before	avant	vörüt.
vorbeten	to suggest	réciter devant qn. une pièce	vörbérege.
vorbinden	to tie before	attacher par devant	vörbin.
vordrängen	to press forward	pousser, presser en avant	vörkrübbe.
vorgehen	to go before	passer	vörütgung.
vorhängen	to hang before	rendre devant	vörhinge.
Vorhaupt (Stirne)	forehead	front	Vörhaaud.
vorleſen	to read to	lire à qn.	vörlees.
vorleuchten	to shine before	éclairer qn., servir d'exemple	tolochte.
Vormittag	forenoon	avant-midi	Vörmebbååi.
Vormund	guardian	tuteur	Kurator.
vorplaudern	to chat	débiter, conter qch. à qn.	vörſnaffe.
vorſchneiden	to carve	trancher, couper	vörſfiåår.
Vorſchrift	writing copy	règle, précepte	Vörſkreft.
vortanzen	to lead the dance	commencer la danse	vörbaans.
Vortheil	profit, advantage	profit, avantage	Vörtel, Profiet.
vortrefflich	excellent	excellent	finn, raar.
vorzählen	to count before	compter, nombrer en présence de qn.	vörtåål.

Deutſch.	English.	Français.	Helgel.
vorzeigen	to produce	montrer, produire	wieſe, ſî liàãt.
Vorzimmer	foreroom	antichambre	Vörbörnſt.

W.

Deutſch.	English.	Français.	Helgel.
Waage	balance	balance	Wegt.
Waare	merchandise	marchandise	Koopwaren.
Wache	guard	garde	Wacht.
wachen	to watch	garder	wate.
Wachs	wax	cire	Waaks.
Wade	calf	mollet	Waad.
wagen	to venture	hasarder, risquer	wage (wat).
Wagen	waggon	chariot, char, voiture	Wàãien.
Wahl	choice, election	choix, élection	Wahl.
wählen	to choose	choisir, élire	keeſe.
Wahrheit	truth, verity	vérité	Wahrheit.
Waiſe	orphan	orphelin, -line	Waiſenkin.
Wald	wood, forest	forêt	Wilderniß.
Wallnuß	walnut	noix	Walnöt.
Wallrath (Thran)	spermaceti	spermacéti	Feſtwaaks.
Wand	wall	muraille, paroi	Woch.
Wange	cheek	joue	Suààk.
wann?	when?	quand?	waniààr?
warten	to stay, wait	attendre	tööw.
Wärter	waiter	garde	Üüppaſſer.
warum	why, wherefore	pourquoi	nààrom.
Wäſche	washing linnen	linge	Lennentjüg.
Waſſer	water	eau	Weeter.
Waſſerblei	black lead	plomb de mine	Blaujan.
wechſeln	to change	changer, échanger	weſſele.

Deutsch.	English.	Français.	Helgel.
Weg	way, road	chemin, voie	Wàài.
wegbringen	to carry away	emporter, ôter	wegbring.
weggeben	to give away	donner, quitter	wegbò.
weggehen	to go away	s'en aller	weggung.
weggießen	to pour away	verser	wegjüt.
wegkehren	to sweep away	ôter en balayant	wegfage.
weglaufen	to run away	s'enfuir, échapper	wegloop.
weglegen	to put aside	mettre à côté	weglài.
wegnehmen	to take away	enlever	wegnem.
wegsegeln	to sail off	mettre à la voile	wegfiele.
wegsetzen	to put away	mettre à part	wegfat.
wegstoßen	to push away	repousser	wegfteef.
wegtragen	to carry away	emporter, enlever	wegbreeg.
wegwehen	to blow away	enlever en soufflant	wegwei.
wegwerfen	to throw away	jeter, rejeter	wegfmit.
Weib	woman	femme	Wüff.
weich	soft, weak	mou, molle	wof.
weichen (aus-)	to make place	faire place	wif (üt de Wàài).
weichen (ein-)	to soften, soak	tremper, infuser	woffe (ien-).
Wein	wine	vin	Wien.
weinen, schreien	to weep, cry	crier, pleurer	gààl, blàre.
weisen, zeigen	to show	montrer	wiefe, fi lààt.
Weisheit	wisdom	sagesse	Verstand.
weiß	white	blanc, blanche	wit.
weißen	to whiten	blanchir	falfe (woch-).
weit	far, distant	large, étendu	bier weg.
Welt, Erde (die)	world, Earth, the	monde, terre	Welt, Ihr (be).

Deutſch.	English.	Français.	Helgel.
wem? wen?	to whom? whom?	à qui? qui?	welk?
wenden	to turn	tourner, faire tourner	omkiààr.
wenig	little	peu	betjen.
wetten	to wager	gager, parier	wabbe.
wetzen	to whet, sharpen	aiguiser, affiler	watte, ſliepe.
wider, gegen	against	contre	jin (uhn=).
wieder	again	de nouveau	wehr (al=).
wiederbringen	to return	rapporter	wehrbring.
wiederkommen	to come back	revenir, retourner	wehrkööm.
wiederſchicken	to send back	renvoyer	torögſiààn.
Wiege	cradle	berceau	Waag.
wiegen (ſchau= keln)	to rock	bercer	wage.
wiegen	to weigh	peser	weeg.
willkommen	welcome	bien-venu	welkahm.
Willkühr	arbitrariness	gré, volonté	Gudmanns= ſaain.
Wind (Sturm=)	wind (a gale of)	vent orageux	Winn(Sturm=).
Windmühle	windmill	moulin à vent	Winnmöllen.
Winkel	angle, corner	coin, angle	Hörn.
winkelrecht	right angular	perpendiculaire, rectangle	hörnig (regt=).
winken	to make a sign	faire signe	winke.
wir, ſelbſt	we, ourselves	nous-mêmes, nous autres	wî, wiſallew.
wirken	to work	agir, travailler	wat dò, aar= baaide.
Wirth	landlord	hôte	Wiàárt.
Wirthshaus	public house	hôtellerie, auberge	Krug, Krughüs.

Deutsch.	English.	Français.	Helgol.
wispern, flüstern	to whisper	chuchoter	pissle.
wissen	to know	savoir	wet.
Wittwe	widow	veuve	Weddewwüff.
Wittwer	widower	veuf	Weddewmann.
wo?	where?	où?	uààr?
Woche	week	semaine	Wek.
wohin?	whither?	où? par où?	uààrhen?
wohl (lebet)	fare well!	adieu!	lewwe wel!
Wohlfahrt	prosperity	bien, salut	Gudgung.
wohlfeil	cheap	à bon marché	gudkoop.
wohlerzogen	wellbred	bien élevé	gudaptààien.
wohnen	to dwell	demeurer	wuhne.
Wolke	cloud	nuage	Wolk.
Wolle	wool (lam's-)	laine d'agneau	Oll(Lamken-).
wollen	to will	vouloir	wel.
Wonne, Freude	delight, joy	délice, joie	Blied (heel).
Wort	word	mot, terme, parole	Wur.
wortarm	poor in words	pauvre (en mots)	men van Wurren.
wortreich	rich in words	riche en mots	rik van Wurren.
wovon?	whereof?	de quoi?	uààrvan?
wozu?	for what?	à quoi?	uààrtû?
Wunde	wound	blessure	Wunn.
Wunder	wonder, miracle	miracle, merveille	Wunner.
wünschen	to wish, desire	désirer	wenske.
würdigen	vouchsafe	juger digne de	achte, iàre.
Wurf	cast, throw	jet	Smet (iààn).
Würfel	die, dice	dé	Allas.
würfeln	to play at dice	jouer aux dés	allasspelle.

Deutſch.	English.	Français.	Helgol.
Wurm	worm	ver	Würm.
Wurſt	sausage	saucisse	Marrig.
Würze, Gewürz	spice	épiceries	Gewürß.

Z.

Zagen	to be discouraged	se décourager	verzage.
zahlen	to pay	payer	betale.
zählen	to count	compter	tààl.
zahm	tame	apprivoisé	tamm, nig wil.
Zahn	tooth	dent	Tehn.
Zähre, Thräne	tear	larme	Traan, Tuààr.
Zange (Feuer=)	tongs (the)	tenaille	Tang (iààl=).
zart	tender	tendre	zaart, fien.
Zehen	toe	doigt du pied	Tuààn.
zeichnen	to draw	dessiner	teekene.
Zeiger Dieſes	the bearer of this	le porteur	de Bringer.
Zeile	line (writing-)	ligne	'n Rî Skreft.
Zeit	time	temps	Tid.
Zeit (ſeit der)	since that time	dès ce temps-là	van bi Tid uf.
Zelt	tent, pavilion	tente	Telt, Pa=billon.
Zenith (Schei=telpunkt)	zenith	zénith	Toppunkt.
zerbrechen	to beat in pieces	casser, briser à coups de marteau	'ntauſlo.
zerſchmelzen	to melt	fondre	ſmolte.
zerſchneiden	to cut up	couper en deux	verſkiààr.
zerſtreuen	to dissipate	dissiper	verſtreue.
zertheilen	to divide	diviser, partager	verdeele.
Zeug	stuff	étoffe, matière	Tjüg.

62

Deutsch.	English.	Français.	Helgel.
Zeuge	witness	témoin	Tjüüg.
ziehen	to draw, pull	tirer, traîner	rack.
Ziel	term, limit	terme	't Maal.
Zierrath	ornament	ornement, parure	Sieraat.
Zimmer	room	chambre	Dörnsk.
Zimmerholz	timber	bois de charpente	Tömmerholt.
Zink	spelter	zinc	Sink.
Zinn	tin, pewter	étain	Ten'n.
Zinnober	cinnabar	cinabre	Sinnober.
Zinsen	interest, rent	intérêt, rente	Sinsen, Hüür.
Zirkel	circle	cercle	Kring.
zittern	to tremble	trembler	bebberke.
zollen	to pay custom	payer la douane	Toljil üt dû.
zornig	angry	en colère, fâché	böll, bööš.
zubinden	to tie up	serrer, lier	tûbin.
Zucht	education	éducation, dis-cipline	Tucht.
Zucker	sugar	sucre	Sokker.
zudecken	to cover	couvrir	tûbekke.
Zufall	accident	hasard, cas for-tuit	Tûfall.
Zuflucht	refuge	recours	Tûflucht.
zufrieden	content	content, satisfait	tûfrében.
zugehen	to go on	s'avancer vers	tûgung.
zugestehen	to grant	accorder, céder	tûstun.
zugießen	to pour on	verser encore	tûjüt.
zugleich	at the same time	en même temps	likààrter.
zuheilen	to heal up	se fermer, se guérir	tûheele.
zuhören	to hear, hearken	écouter	tûhiààr.

63

Deutſch.	English.	Français.	Helgel.
zuknöpfen	to button up	boutonner	tûknoppe.
Zukunft	future	l'avenir	Tûkomſt.
zulaufen	to run	accourir, affluer	tûloop.
zumachen	to shut	fermer, boucher	tûmake.
zunageln	to nail up	clouer	tûſpikkere.
zunähen	to sow up	fermer en cousant	tûſei.
Zunahme	increase	accroissement	Tûnem.
Zuname	surname	nom de famille	Stammnööm.
zunehmen	to augment	s'augmenter	vermiààre.
Zunge	tongue	langue	Tong.
zurechthelfen	to set right	mettre qn. à la voie	tûrechthelp.
zureden	to persuade	encourager	tûſnakke.
zurück	back	en arrière	tûrög.
zuſammen	together	ensemble, conjointement	allemaal.
zuſchauen	to look at	voir, regarder	tûluke.
zuſchicken	to send to	envoyer, adresser	ſiààn.
zuſchneiden	to cut out	couper, tailler	tûſfiààr.
zuſenden	to remit	remettre	tûſiààn.
zuſprechen	to visit, call in	aller, venir voir	tûſpreek.
Zuſtand	condition	condition, état	Tûſtand.
zutragen (herbei-)	to carry to	apporter	tûbreeg.
zutrauen	to depend upon	croire qn. capable	tûtrau.
zutrinken	to drink one's health	boire à qn., boire le salut de qn.	tûbrink (Jàner).
zuwachſen (Wunde)	to heal up	se fermer en guérissant	tûwaaks.
zuweilen	sometimes	quelquefois	almets.

Deutsch.	English.	Français.	Helgel.
zuwerfen	to throw to	jeter qch. à qn.	tûſmit.
zuzählen	to count to	compter à qu.	tûtààl.
zuziehen	to tie, to draw	serrer, tirer, fermer	tûraď.
Zweifel	doubt	doute	Twiewel.
Zweig	twig, branche	rameau	Twieg.
Zwetſche (Pflaume)	plum	prune	Plumm.
zweimal	twice	deux foix	taumaal.
Zwiebaď	biscuit	biscuit	Tweebaffen.
Zwiebel	onion	oignon	Luààƒ.
Zwietracht	discord	discorde, dissention	Stribberei.
Zwirn	thread	fil, fil retors	Triààd.

Einfache
Gespräche und Erzählungen

in deutscher und helgoländer Sprache.

Von der Zeit.

Was ist die Uhr?

Halb fünf.

Warum stehst Du denn so früh auf?

Ich wollte nur nach dem Wetter sehen.

Um fünf Uhr muß ich beim Feuerthurme sein.

Es möchte etwa ein Schiff kommen.

Ich gehe nach dem Strande.

Hast Du schon Kaffee getrunken?

Ja, um sieben Uhr schon.

Ist es denn schon so spät?

Nicht weit von acht Uhr.

Dann wartet meine Frau bereits auf mich.

Guten Morgen!

Ist es schon Mittag?

Ja, ich glaube wohl.

Die Sonne ist im Süd-Süd-Westen.

Die Uhr schlägt zwölf.

Van de Tid.

Wat es de Klok?

Huàlewwàài fiew.

Wuârom stahnst Dü dan so ebber ap?

Ik wul man ens luke na et Wedder.

Klok fiew mut if be de Baak wees.

Diàar kühd almets en Groten köhm.

If gung na de Strun.

Hàst Dü dien Koffe al weg?

Ja, Klok söben al.

Es et dan al so leet?

Deht es nig vier van Acht.

Dan tööft mien Wüf al na me.

Gu'n Morgen!

Es et al Meddàài?

Ja, if leew et wel.

De Sön set uhn't Süd-Süd-Westen.

De Klok slààit twalw.

5*

Wir können die Uhr hier nicht gut hören.	We kan de Klok hier nig gud hiåår.
Bist Du heute Abend um fünf Uhr bei J. Friederichs?	Best dü Jllaang de Klok fiew be Jacob Frehrks?
Ich gehe lieber um sechs Uhr nach P. Reimers.	Jk gung liewer de Klok sös na Pawel Andersen.
Ist die Uhr schon zehn?	Es de Klok al teien?
Es ist Zeit zu Bette zu gehen.	Deht es Tid to Bååd.
Wie vergeht doch die Zeit!	Ha gau gung de Tid doch weg!

Jemanden zu grüßen und sich nach seiner Gesundheit zu erkundigen.

Jäner to gröten en na sien Sünheit to fragen.

Guten Morgen!	Gu'n Morgen!
Guten Abend!	Gu'n Abend!
Wie geht es Ihnen?	Ha gungt et Jim?
Ich hoffe, Sie sind bei guter Gesundheit.	Jk höpe, dat Jim nä recht sün sen.
Ich danke Ihnen, sehr wohl.	Jk danke Jim, recht gud.
Und wie befinden Sie sich denn?	En ha es et dan met Jim?
Wie geht es Ihrer guten Frau?	Ha gungt et (dien) Jerm Wüf noch?
Ich habe sie lange nicht gesehen.	Jk ha her laang Tid nig sen'n.
Sie ist leider etwas unpäßlich.	Je es nig recht üep stek.
Das thut mir leid.	Deht däät me liäät.
Wie befindet sich Ihr Herr Bruder?	Ha gungt et Jerm (Dien) Bruhr dan?
Ihm geht es sehr gut.	Hem gung et recht gud.
Was macht Vater denn?	Wat dääit Vaar dan?

Er arbeitet immer im Garten umher.	He aarbaaidet altid uhn de Guààd ombe.
Wie befindet sich Ihr Großvater?	Ha gungt et Jerm Groot-Vaar?
Noch beim Alten. Gewöhnlich sitzt er beim Ofen und raucht seine Pfeife.	Nog al so weg. Miààst Tid set he be de Laflamen, met sien Piep=Tobak.
Seine Kräfte fangen an zu schwinden.	He wàrt van Dàài to Dàài zwakker.
Und Großmutter?	En Dot?
Sitzt auf dem Feuerheerde und spielt mit ihren Enkeln.	Wet üep de Kieker en spelt met de Kinns=Kinner.
Gute Nacht!	Gu'n Nacht!
Grüßen Sie zu Hause!	Do de Gröötniß t'Hüs!

Um sich nach Jemandem zu erkundigen.

Om na Jäner to fragen wuààr he wuhnt.

Wo wohnt Herr F.?	Wuààr wuhnt Herr F.?
Soll ich Ihnen seine Wohnung zeigen, mein Herr?	Skel ik Jim diààr hen wiese, mien Herr?
Wohnt er weit von hier?	Wuhnt he vier weg?
Auf dem Oberlande, nach Süden, am Falm.	Uep et Bopperlun, om Süden, be de Falm.
Das ist mir zu weit.	Deht es me to vier.
Können Sie mir auch sagen, wo Herr B. wohnt?	Kan Jim (kanst Dü) me ook saai, wuààr Herr B. wuhnt?
Er wohnt auch auf dem Oberlande.	He wuhnt ook üep et Bopperlun.
Ist hier in der Nähe denn kein gutes Logis zu haben?	Es hier techt=be dan keen gud- Loschie to wen'n?

Ja, bei M., oder bei K. | Ja, be M., of be K.
Wo wohnt Herr K.? | Wuåàr wuhnt Herr K.?
Hier in der Nähe. | Hier nåài= (techt=) be.
Logiren viele Badegäste bei ihm? | Lofiåre diåàr böl Badegéften?
Da sind jetzt zwanzig. | Diåàr fen nö twintig.
Guten Abend, Herr K. | Gu'n Abend, Herr K.
Logirt Herr S. hier? | Lofiåàrt Herr S. hier?
O ja, mein Herr, er ist in seinem Schlafzimmer. | O ja, mien Herr, he es uhn fien Sliåàp=Dörnfk.
Haben Sie noch ein Zimmer für mich? | Ha Jim nog en Dörnfk för me?
Jawohl. | Ja wel.
Dann bleibe ich hier. | Dan bliew if hier.

Der Arzt und sein Kranker.

De Docter en fien Kraanke.

Ach, Herr Doctor! ich freue mich, daß Sie gekommen sind. | O, Herr Dokter! if ben blied dat Jim kimmen fen.
Ich bin die ganze Nacht sehr krank gewesen. | If ha de heel Nacht fo kraank weefen.
Was fehlt Ihnen? | Wat fkaat Jim (Dü) dan?
Ich weiß es fast selbst nicht. | If wet et bal falw nig.
Wie befinden Sie sich denn jetzt? | Ho fen Jim (best Dü) dan to mud?
Ich fühle mich sehr unwohl und schwindelig. | If been heel äwel en dwelfk.
Ich kann kaum auf den Beinen stehen. | If kan iewen üep mien Biånen stun.
Seit wann sind Sie krank? | Ho laang ha Jim kraank wefen?
Sei gestern Abend. | Van Jistrin.

Wie hat es denn angefangen?	Ho hat et dan iaàrst uhnfanget?
Mit Beben (Zittern).	Met Bebberken (Rebbelken).
Haben Sie Seitenstechen?	Ha Jim ook Sidsteken?
Ja, jedesmal, wenn ich gehen will.	Ja, àltib wan if abstun en gung wel.
Geben Sie mir Ihre Hand.	Do me Jerm Hun.
Zeigen Sie mir Ihre Zunge.	Wiese me Jerm Tong.
Ich will Ihnen etwas verschreiben.	If wel Jim wat verskriew.
Schicken Sie Jemanden nach der Apotheke.	Siààn gau iààn na de Apteek.
Das Fieber wird bald nachlassen.	De Kol es bal awer.
Was soll ich denn essen?	Wat skel if dan iet?
Graupensuppe und Hafergrütze.	Grotsup en Hewergrot.
Halten Sie sich nur warm.	Hool Jim man gud waàrm.
Morgen komme ich wieder.	Maren köhm if wehr.

Von der Kirche.	**Van de Kaark.**
Wo gehen Sie hin?	Wuaàr gung Jim hen?
Ich gehe nach der Kirche.	If gung na de Kaark.
Gehen Sie mit?	Wel Jim met gung?
Mit Vergnügen.	Met Vergnögen.
Wird denn hier Helgoländisch gepredigt?	Wàrt hier dan Hollunder pretjet?
Nein, lieber Freund, diese Sprache wird nur unter den Helgoländern gesprochen.	Nehn, mien Frön, de Spröök wàrt hier alleen änner de Hollunders snakket.
Kommen wir denn noch früh genug dahin?	Köhm we dan nog ebber enug hen?

Um zehn Uhr müssen wir da sein.	Klok Teien mut we diäär wees.
Es ist die höchste Zeit.	Deht es hoog Tid.
Lassen Sie uns eilen.	Liäät üs man gau wees.
Sein Sie unbesorgt; wir haben noch Zeit.	Wees man nig bang; we ha noch Tid.
Laßt uns den Gottesdienst nicht stören.	Liäät üs de Käärkiäär nig störe.
In fünf Minuten sind wir da.	Uhn fiew Minuten sein we diäär.

Vom Frühstück.

Da geht Herr B., der seinen Morgenspaziergang macht.	Diäär gungt Herr B., diäär sien Marenkeuer maket.
Er wird wahrscheinlich bei uns einkehren.	Kan wees dat he hier ien komt.
Da kommt er schon!	Diäär komt he al!
Laufe hin und öffne ihm die Thür.	Loop gau hen en make hem de Döör epen.
Guten Morgen, meine lieben Freunde.	Gu'n Morgen, mien liewe Frön'n.
Haben Sie gefrühstückt, Hr. B.?	Ha Jim al Marenkost hid, Hr. B.?
Noch nicht, Madame.	Nog nig, Madam.
Sie kommen gerade zur rechten Zeit.	Jim köhm jüst to rechter Tid.
Nehmen Sie Platz.	Set Jim deel.
Sie sind sehr gütig.	Jim sen heel gud.
Was trinken Sie am liebsten?	Wat drink Jim om liewsten?
Thee, Kaffee oder Chocolade?	Shee, Koffe of Schokkelaat?

Van Marenkost.

Sie können nur wählen.

Essen Sie doch ein wenig Butterbrod, Herr B.

Ich danke, Madame.

Nehmen Sie doch etwas von diesem gerösteten Brod.

Ich habe wahrlich sehr gut gefrühstückt.

Ich muß machen, daß ich wieder zu Hause komme.

Meine Frau wird nicht begreifen, wo ich geblieben bin.

Ich wünsche Ihnen einen guten Morgen.

Grüßen Sie zu Hause!

Jim kan man keese.

Jet doch en betjen Bötterskiew, Herr B.

Ik danke, Madam.

Nem doch ook wat van deht röstet Bruååd.

Ik ha wahrelk heel gud Marenkoft hib.

Ik mut make, dat ik wehr hen t'Hüs köhm.

Mien Wüff wet nig wuåår ik bléwen ben.

Ik wenske Jim gud Morgen.

Do de Gröötnis t'Hüs!

Ein Besuch bei einem Freunde.

Guten Abend, Freund!

Ich hoffe, ich störe nicht.

Ganz und gar nicht, treten Sie näher.

Ich finde Sie immer fleißig.

Ist es nicht bald Zeit, Feierabend zu machen?

Entschuldigen Sie mich; in drei Minuten bin ich fertig.

Ich bin gerade beim Schluß eines dringenden Briefes.

En Besöök be en Frön.

Gu'n Abend, Frön!

Ik höpe, dat ik nig störe.

Uhn't geheel nig; kom nååier.

Ik fin Jim altib flietig.

Es et nig bal Tib, om üt to skeiden?

Verjiew et me; uhn tree Manuten ben ik klar.

Ik ben jüst be et Slütten van en heel nödig Briååf.

Ich schreibe an unseren Freund E.	Ik skriew uhn ins Frön E.
Haben Sie auch etwas zu bestellen?	Ha Jim ook wat to bestellen?
Ja, sagen Sie ihm, ich hoffe bald einen Brief von ihm in Antwort auf meine beiden letzten Briefe zu bekommen.	Ja, saai hem, ik höpet bal en Briààf van hem uhn Antwort iiüp mien tau lehsten to wen'n.
Es soll geschehen.	Deht skel geske.
Grüßen Sie ihn gefälligst.	Gröte hem ook van me.
Ja wohl; auch das.	Ja weel; ook deht.
Setzen Sie sich, ich bin gleich fertig.	Set deel, ik ben bal klar.
Sie haben wenig Zeit zu versäumen.	Jim ha nig völ Tid to verliesen.
Nach acht Uhr werden keine Briefe bei der Post mehr angenommen.	Na de Klok acht, nem jà be de Post keen Brew muààr uhn.
Jetzt bin ich fertig.	Nô ben ik klar.
Nun, Herr B., stehe ich Ihnen zu Diensten.	Herr B., nô ben ik to Jerm Tiensten.
Ich bitte um Verzeihung, daß ich Sie so lange habe warten lassen.	Verjiew et me, dat ik Jim so lahng tööw lat ha.
Wollen wir jetzt spazieren gehen?	Skel we nô en letjet keuere?
Von Herzen gern.	Van Harten giàren.
Wohin gehen wir?	Wuààr gung we hen?
Auf das Feld, nach der Südspitze.	Jep Klef, na Sathuren.

Vom Rauchen.

Guten Abend, Herr Nachbar!

Sie sind ein großer Liebhaber von Ihrer Pfeife, wie ich sehe.

Das Rauchen ist eine alte Gewohnheit bei mir, die ich nicht lassen kann.

Ist Ihnen vielleicht der Tabaksrauch lästig?

Ich habe den Geruch sehr gern.

Ich rauche selbst zuweilen eine Pfeife.

Das freut mich; vielleicht werdenn Sie mir dann Gesellschaft leisten.

Herzlich gern.

Da ist echter Kanaster.

Eine Pfeife wird gleich kommen.

Sie ziehen wohl eine holländische Pfeife vor?

Ja, ich rauche gern aus einer irdenen Pfeife.

Ich habe auch einige echte Havana= und Manilla=Cigarren, wenn Sie gern rauchen.

Zuerst eine Pfeife, wenn Sie erlauben.

Dieser Tabak ist leicht und sehr angenehm.

Van Riäken.

Gu'n Abend, Nààiber!

Jim sen en groot Leefhebber van Jerm Tobakspiep, sih ik wel.

Deht Riäken es en groot Uhnwuhns be me, diààr ik nig liààt kan.

Kan Jim deht Tobaksriààk ook verdreeg?

Ik màài giàren rük.

Ik riäke salw almets en Piep=Tobak.

Deht freuet me; verlegt wel Jim me dan Geselskap dô.

Hartelk giàren.

Diààr es echt Kànàster.

En Piep komt er so meiààns.

Jim màài wel liewst üt en Hollunsk Piep riäke?

Ja, ik riäke giàren üt en Kalken Piep.

Ik ha ook echte Havana= en Manilla=Segaren, wan Jim es giàren riäke.

Jààst en Piep=Tobak, wan Jim erlaube.

Deht diààr Tobak es legt en röft rar.

Was wollen Sie zu Ihrer Pfeife trinken?

Wat wel Jim dan drink, be et riäken?

Es läßt sich nicht gut rauchen ohne zu trinken.

Jam kan nig gud riäke, sönner drinken.

Besonders wenn man viel ausspuckt, wie ich.

Verääl wan em böl ütspüttet so es it.

Wir wollen ein Glas Ale trinken.

We wel en Glas Ehl drink.

Das ist nicht übel gedacht.

Deht es en gud Jhnfal.

Das habe ich lange nicht getrunken.

Deht ha if lahng nig drunken.

Wollen wir einen Spaziergang machen, wenn wir ausgeraucht haben?

Stel we en betjen keuere, wan we klaar sen met riäken?

Ich habe nichts dagegen.

Jt ha der niks jin.

Das Wetter könnte dazu nicht schöner sein.

Deht Wedder kühd biäär to nig beter wees.

Von der Witterung.

Van deht Wedder.

Das Wetter ist diesen Morgen sehr trübe.

Deht Wedder es Maarlaang heel slegt.

Ich fürchte, wir bekommen Regen.

Jf ben bang dat we Rääien wen.

Dieses düstere Wetter ist sehr unangenehm.

Deht hier junk Wedder es heel unangenehm.

Die Sonne hat in einer Woche nicht geschienen.

De Sön hat de heel Wek nig skint.

Das Wetter war vorige Woche sehr schön.

Deht Wedder wiäär vörige Wek heel rar.

77

Der Himmel ist nun wieder mit Wolken umzogen. — De Locht es al wehr met Wolken betrokken.

Es wehte die ganze Nacht sehr stark. — Jinnaacht hät et heel här weit.

Wenn der Wind sich legt, so werden wir Regen bekommen. — Wan de Winn hem leit, dan wen we Rååien.

Guten Morgen! — Gu'n Morgen!

Heute haben wir recht schönes Wetter. — Wat es et dolling rar Webber.

Die Luft ist hell und klar. — De Locht es hell en klar.

Glauben Sie, daß das Wetter den ganzen Tag schön bleiben wird? — Leew Jim dat deht Webber de heel Dååi so rar bleft?

Das glaube ich sicher, denn die Luft ist ganz mild. — Deht leew ik seker; dan de Locht es nö heel rar.

Man sieht fast keine einzige Wolke am Himmel. — Jam sogt, rünom, bal keen iåån Wolk uhn de Locht.

Es ist prächtiges Wetter. — Deht Webber es wundersköön.

Heute ist es gar zu heiß. — Dolling es et al to hiååt.

Ich ersticke beinahe vor Hitze. — Ik stekke bal van Het.

Ich fürchte, wir bekommen ein Gewitter. — Ik ben bang, dat we Tönner en Laaid wen.

Der Wind hat sich gedreht, nach Westen. — De Sinn es ombreit, na het Westen.

Die Morgen und Abende werden kühl. — En Maremen en Innemen wart et al kuhl.

Heute Morgen hat es gereift. — Jemaren hät et rippet.

Die Kälte läßt sich schon fühlen. — De Kol lat hem al fiel.

Der Winter ist vor der Thür. — De Wonter es vör de Döör.

Weihnacht rückt schnell heran. — Wienachten komt al bal.

In diesem Monat nebelt es gewöhnlich sehr stark.

Wir werden bald einheizen müssen.

Es friert sehr stark.

Der Winter hält lange an.

Jetzt fängt es an zu thauen.

Der Sommer kommt bald wieder.

———

Vom Briefschreiben.

Henry, wo ist meine Schwester?

Sie ist soeben in die Schreibstube gegangen, um einen Brief zu schreiben.

Ich wünsche sie zu sprechen.

Nun, geh' zu ihr; ich glaube, sie ist noch nicht dabei.

Ich hoffe, daß ich nicht störe, Elise?

Im Gegentheil, Bruder, ich freue mich, daß Du gekommen bist.

Warum? kann ich Dir in etwas dienen?

Ich will einen Brief schreiben, und es fehlt mir das Nöthige.

Willst Du mir eine Feder schneiden?

Uhu de hier Muhut ha we miååst Tid völ Tööt.

We skel bal uhnböt mut.

Deht fröst heel hår.

De Wonter hält lahng uhn.

Deht sanget al uhn to dauen.

De Sömmer komt bal wehr.

———

Van Breewskriewen.

Henry, wuåår es mien Söster?

Je es nö man iengingen, uhn letj Dörnsk, om en Briååf to skriewen.

It wul her giåren spreek.

Nö, gung hen na her, dan; it leew je håt nog nig uhnfanget.

It höpe, dat it nig störe, Eliza?

Uhn Gegendeel, Bruhr, it ben blied, dat Dü kimmen best.

Wuåårom? kan it Dü iånerwegen uhn tiene?

It wel en Briååf striew, en deht Nödigst mankiåårt me.

Welt Dü me en Fedder omskiåår?

Wünſcheſt Du die Feder hart oder weich?

Mããiſt Dü dien Feddern hàr of wok?

Ziemlich hart, wenn ich bitten darf.

Arig hàr, wan if Dü bed mããi.

Verſuche dieſe Feder.

Probbere die Fedder.

Wie findeſt Du ſie?

Ha finſt Dü di?

Die Spitze iſt ein wenig zu ſcharf.

De Pünt es en betjen to ſpitsk.

Die Spalte iſt nicht lang genug.

De Spleht es nig lung enug.

Nun ſchreibt ſie ſehr ſchön.

Nä ſkreft he rar.

Ich danke Dir recht ſehr.

Ic danke Dü völmal.

Haſt Du einen Bogen Poſtpapier für mich?

Hàſt Dü en Bogen Poſtpapier för me?

Das iſt ſchönes Papier

Deht es rar Papier.

Soll Dein Brief heute noch abgehen?

Skel dien Briããf Dolling nog weg?

Ja, er muß vor acht Uhr fertig ſein.

Ja, he nut vör de Klok acht klar wees.

Wie ſpät iſt es jetzt?

Ha leet es et al?

Du haſt keine Zeit übrig; es iſt ſchon ſehr ſpät.

Dü hàſt keen Tid awer; deht es al arig leet.

Ich will ihn nicht lang machen heute.

If wel et nig lahng make.

Was ſchreiben wir heute?

Wat ſkriew we dolling?

Heute haben wir den vierten.

Dolling ha we den biàren.

Mein Brief iſt beinahe fertig.

Mien Briããf es bal klar.

Ich habe nur die Aufſchrift zu machen.

If ha de Üüpſkreft man to maken.

Haſt Du Oblaten?

Hàſt Dü Ablaten?

Hier ſind Oblaten und Petſchaft.

Hier ſen Ablaten en Pitſkaft.

Nun bin ich fertig.

Jacob! laufe in aller Eile mit diesem Briefe nach der Post.

Nä ben if klar.

Jakob! loop al wat dü kanst en bring de diäär Brief na de Post.

Vom Winter.

Es scheint, als wenn wir diesen Winter keinen Frost bekommen.

Der Winter hat sich früh eingestellt.

Die Kälte ist fast unerträglich.

Ich wollte, daß der Winter schon vorüber wäre.

Im Winter erkältet man sich immer so leicht.

Ich habe lieber Sommer.

Im Winter muß man immer beim Feuer sitzen.

Das ist nicht nöthig.

Wenn man kalt ist, so ist es am besten, sich durch Bewegung warm zu machen.

Das will ich einmal thun.

Jetzt bin ich stark gelaufen.

Sind Sie jetzt warm?

Ich bin jetzt ganz heiß.

Bei trockener Kälte ist die Luft weit gesünder.

Van de Wonter.

Deht liffend (skint), es wan we de hier Wonter keen Fröst wen.

De Wonter hät hem al ebder ienfün'n.

De Kol es bal nig üttoholen.

Jf wul, dat de Wonter al verbi wiäär.

Uhn de Wonter verköhlt em jam altid so legt.

Jf ha liewer Sömmer.

Uhn de Wonter mut em immer be deht Jääl set.

Deht es nig nödig.

Wan em kuhl es, dan es et bast, om jam däär Bewegung warm to maken.

Deht wel if ens dö.

Nä ha if düchtig lippen.

Sen Jim nä dan warm?

Jf ben nä recht hiäät.

Be drühg Kol es de Locht völ sünner.

Der Schuster.

Hat der Schuster meine Tanz=
schuhe noch nicht gebracht?

Nein, er ist noch nicht ge=
kommen.

Geh' zu ihm, und sage ihm,
daß ich sie noch heute Abend
haben muß.

Der Schuster wird Ihnen um
acht Uhr seine Aufwartung
machen.

Der Schuhmacher ist schon da.

Ich brauche umgewandte
Schuhe, haben Sie welche
mitgebracht?

Hier sind sie; und so sauber und
gut gemacht, wie möglich.

Ich wollte, ich könnte das von
den letzten sagen, die Sie
mir machten.

Ich habe sie in vierzehn Tagen
abgetragen.

Das Band war sehr schlecht
umgenäht.

Das Oberleder war ziemlich
gut, die Sohlen aber so
dünn wie Papier.

Diese aber haben dickere Sohlen,
und die Spitzen sind eckig,
wie Sie sie bestellt haben.

De Skooster.

Hàt de Skooster mien Skû
nog nig brogt?

Nehn, he hàt hier nog nig
weesen.

Gung na hem, en saay hem,
dat ik es Inlahng nog ha
mut.

De Skooster will de Klok acht
hier wees.

De Skûmaker es hier al.

Ik brük omgewent Skû, (hàst
Dü), ha Jim hekken met
brogt?

Hier sen es; so gud en so fien,
es jà maket wur kan.

Ik wul, dat ik deht van de
lehsten saay kühd, diàar
Jim me maket ha.

Ik ha jam uhn biàartein Daag
apsletten.

Deht Biàan wiàar heel slegt
omseit.

Deht Awerledder ging nog,
man de Söhlen wiàar so
ten es Papier.

De hieren ha abers völ tjokker
Söhlen, en sen maket, so
es Jim bestellt ha.

Ganz gut. Ich will nie wieder Schuhe mit scharfen Spitzen tragen.

Laßt uns einige anpassen.

Diese sind zu eng.

Sie werden sich im Tragen weiten.

Dieses Leder giebt nach, wie ein Handschuh.

Sie sind aber nicht genug ausgeschnitten.

Nun wollen wir die Stiefel sehen.

Die Öffnung dieser Stiefel scheint zu enge zu sein.

Sie passen mir sehr gut.

Ich habe nichts daran zu tadeln.

Geben Sie mir den Stiefelknecht, um sie wieder auszuziehen.

Ich habe die Sohlen dick und dauerhaft gemacht.

Sie werden finden, daß die Halbstiefel eben so gut passen.

Jetzt will ich Ihnen einige alte Schuhe und Stiefel zum Ausbessern mitgeben.

Hier sind zwei Paar umgewandte Schuhe, welche eingefaßt werden müssen.

Und diese brauchen Hinterflecke.

Nä gud. If wel aals keen Skü ehr ha, diäär spitsf bör sen.

Liäät üs hetten uhnpasse.

Din'n sen to eng.

Jä ftel jam uhn dreegen wel widde.

Deht Ledder jeft nah, iewen es en Wahnt.

Jä sen abers nig nug ütsturren.

Liäät üs nä de Starweelen ens si.

Deht komt me vör, es wan jä boppen om to eng sen.

Jä passe me recht gud.

If ha der nifs üep of to satten.

Do me de Stewelknecht ens, om jam wehr uftoraffen.

If ha de Söhlen tjof en düürhaft matet.

Jim ffel fin, dat de Huäälewstarweelen iewen so gud passe.

Nä wel if Jim het ohl Skü en Starweelen to lappen met do.

Hier sen tau Paar omgewente Skü, diäär omfatet wees mut.

En de hieren mut nei Hatten ha.

Künftige Woche muß ich sie alle zurückhaben.

Das kann geschehen.

De uhr Wek mut if jam all torög ha.

Deht kan uhngung.

Die Wäscherin.

Man hat mir gesagt, daß Sie einige Sachen zu waschen haben.

Sind Sie die Wäscherin?

Ja, mein Herr.

Ich wasche schon lange für dieses Haus.

Das ist mir lieb. Dann machen Sie Ihre Sachen gewiß recht gut.

Ich hoffe, daß Sie mit mir zufrieden sein werden.

Wie heißen Sie denn?

Ich heiße Hinrichsen.

Und mit Vornamen?

Ich wurde Henriette getauft, werde aber gewöhnlich Anna genannt.

Haben Sie einen passenden Ort, die Wäsche zu trocknen?

Ja, ich habe einen schönen Rasenplatz im Garten.

Waschen Sie mit Regenwasser?

Ja.

Deht Waskwüf.

If ha hiäàrt dat Jim Kloor ha to wasken.

Sen Jim de Waskwüf?

Ja, mien Herr.

If waske al lahng för deht hier Hüs.

Deht es me lif. Dan waske Jim weß recht gud.

If höpe, dat Jim met me tofréden wees skel.

Ha hit Jim dan?

If hit Hinrichsen.

En met Vörnööm?

If wur Henriette döpet, man nä wur if de miààste Tid Anna nàmt.

Ha Jim en gud Steed, om et Lennentjüg to drügen?

Ja, if ha en rar Bliààksteed uhn mien Guààd.

Waske Jim met Rààienwéter?

Ja.

6*

84

Zählen Sie einmal meine
Wäsche nach, um zu sehen,
ob Alles richtig ist.
Meine Hosen müssen sorgfältig
gebügelt werden.
Durch das Mangeln brechen
die Knöpfe entzwei.
Alle meine Strümpfe müssen
gestopft werden.
Es sind einige ohne Zeichen.
Ich werde Alles für Sie zu-
recht machen lassen.
Wann werden Sie die Wäsche
wiederbringen?
Am Sonnabend sollen Sie
Alles zurück haben.
Ei! sind Sie wieder da?
Ja, ich bringe Ihnen die
Wäsche, meinem Versprechen
gemäß, zurück.
Gut, ich will sie nachzählen.
Wo liegt der Zettel?
Er liegt in dem Korbe.
Vier Nachthemden, sechs Unter-
hosen, drei Paar Socken, neun
Paar Strümpfe, fünf Nacht-
mützen, acht Taschentücher,
sechszehn Halstücher, fünf
Piqué-Westen, drei Paar
weiße Handschuhe, achtzehn

Tààl mien Lennentjüg ens na,
en luke of et so recht es.
Mien Brölken mut vorsechtig
strekken wur.
Van deht Mangeln breek de
Knopper en Stöffen.
Mien Hösen mut allemal stop-
pet wur.
Diààr sen hekken sönner Teeken.
Ik wöl Alles vör Jim torecht
make liäät.
Waniààr bring Jim deht Wask-
tjüg wehr?
Sönin skel Jim Alles wehr
ha.
Ei! sen Jim hier wehr?
Ja, ich bring Jerm Waskfloor
toróg, so es if Jim ver-
spréken ha.
Gud, if wel et natààl.
Wuààr es et Zehtel?
Deht leit uhn der Kurw.
Viuur Sliààphemter, sös Än-
nerbrökken, tree Paar Sokken,
negen Paar Hösen, fiew
Sliààp-Hülkener, achtStrap-
bukker, sostein Halsbukker,
fiew Pikee-Westen, tree
Paar wit Wahnten, achtein

Hemden und sieben weiße Pantalons (Beinkleider).

Hemter en söben wit Pantalons.

Es fehlt nichts.

Diäàr fehlt niks.

Kommen Sie am Montag wieder vor, es ist mehr schmutzige Wäsche da.

Köhm Mundààì man wehr; ik ha nog muààr Tjüg, diäàr wusken wees mut.

Sehr wohl. Ich werde um zehn Uhr hier sein.

Recht gud. Ik wel de Klok tein hier wees.

Der Schneider.

De Snieder.

Ist Peter noch nicht vom Schneider zurück?

Es Peter nog nig wehr kimmen van de Snieder?

Ja, ich höre ihn die Treppe herauf kommen.

Ja, ik hiäàr dat he de Trap ap komt.

Schicken Sie ihn herein zu mir.

Siààn hem juäàrt to me.

Nun, Peter, was hat der Schneider gesagt?

Nä, Peter, wat hät de Snieder saait to Dü?

Er wird sogleich kommen und Ihnen das Maß nehmen.

He komt meiààns, om Jim de Miäàt to nemmen.

Mein Herr, der Schneider ist hier, soll ich ihn hereinführen?

Mien Herr, de Snieder es hier, kfel ik hem ienbring?

Laß ihn hereinkommen.

Liäàt hem ienköhm.

Mein Herr, Ihr Diener!

Mien Herr, Jerm Diener!

Ich will einige Röcke machen lassen; nehmen Sie mir das Maß.

Ik wel enige Rokken make liäàt; nem me de Miäàt.

Haben Sie meinen blauen Überrock mitgebracht?

Ha Jim mien bli Awerrok met brogt?

Ja, ich habe ihn in diesem Bündel.

Warum haben Sie ihn nicht am vorigen Sonnabend gebracht?

Ich hätte gewiß Wort gehalten, wenn ich nicht eine Menge Traueranzüge zu machen bekommen hätte.

Soll ich die Ehre haben, Ihnen den Überrock anzupassen?

Sind die Ärmel nicht zu weit?

O nein!

Ich habe nichts daran zu tadeln, außer daß Sie zu viele Falten an den Schultern gemacht haben.

Dem ist leicht abzuhelfen.

Indeß trägt sie fast Jedermann so.

Nehmen Sie mir das Maß zu einem Rocke.

Dieses Muster ist extrafein.

Soll ich Knöpfe, Band, Leinen und das Alles besorgen?

Natürlich. Und sehen Sie darauf, daß die Knopflöcher gut gemacht werden.

Erst muß das ganze Tuch gekrempelt werden.

Ja, if ha en uhn de hier Bünnel.

Wuéàrom ha Jim (häst Dü) en vörige Sönin nig met brogt?

If hib wees Wur hüllen, wan if nig so böl Truertjüg to maken fünnen hib.

Mààì if de Jààr ha, Jim de Awerrok uhn to passen?

Sen de Jààrmer nig to wib?

O nehn!

If ha der nifs ühp uftosatten, man alleen dat Jim to böl Leesken ühp de Skollern maket ha.

Deht es legt to ennern.

Man doch dreeg de miààste Mensken jam so.

Nem me de Miààt to en Rok.

Deht es van et fiensste Laken.

Skel if Knopper, Biààn, Len'n en Alles tüdo?

Natúúrelk. En luke wel to, dat de Knopgeed gud maket wur.

Jààst mut al deht Laken krumpet wur.

Welche Knöpfe wünschen Sie zu haben?

Wat slag Knopper wul Jim ha, dat if nem sful?

Die des schwarzen Anzuges müssen natürlich mit dem nämlichen Zeuge überzogen sein.

För de suäärt Rock mut jä met deht sallewske Laken awertrokken wur.

Zu dem blauen Rocke können Sie vergoldete Knöpfe nehmen.

Tü de bli Rok kan Jim vergült Knopper nem.

Alles soll nach ihrem Geschmacke geschehen.

Alles skel na Jerm Gesmak maket wur.

Ich empfehle mich Ihnen.

Gu'n Morgen, mien Herr!

Vom Donner und Blitz.

Van Tönner en Laaid.

Laßt uns in aller Eile nach Hause zurückkehren.

Liäät üs gau wehr hen Tüs loop.

Nun, Kinder, was bringt Euch so früh wieder zurück?

Nö, ha komt deht dan, dat Jim so gau wehr turög köhm?

Ach! Vater, wir fürchteten uns vor dem Donner und Blitz.

O! Vaar, we wiäär so bang bör en Tönner en Laaid.

Mir war so bange vor dem Donner.

If wiäär so bang bör et Tönnern.

Der Donner, liebe Kinder, kann Euch keinen Schaden zufügen; es ist ein bloßer Schall.

Deht Tönner, liewe Kinner, dääit Jim keen iärig; deht es man en Knall.

Die einzige Gefahr entsteht vom Blitze; und selbst dieser ist nicht gefährlich, wenn er entfernt ist.

De eenigste Gefahr komt van et Laaid; en kan üs keen Skaad do, wan et bier weg es.

Wie kann man die Entfernung des Blitzes wissen?

Durch die zwischen dem Blitz und dem Donnerschlage vergehende Zeit.

Wenn es nun plötzlich angefangen hätte zu regnen, was hättet Ihr gethan?

Dann hätten wir uns unter einen Baum gestellt.

Daran hättet Ihr sehr unrecht gethan.

Warum das, Vater?

Weil die Bäume den Blitz sehr an sich ziehen.

Es ist weit besser, auf freiem Felde, oder auf der Landstraße zu bleiben.

Die stärksten Bäume werden häufig vom Blitze von oben bis unten gespalten.

Der gezackte Blitz zerstört manchmal die schönsten Gebäude.

Auch tödtet er oft sowohl Menschen als Vieh.

Ha kan em wet, ha vier et Laaid weg es?

Däär de Tweskentid van deht Laaid en Tönnerslag.

Wan de Rääien Jim nö awerfullen hib, wat hib Jim dan bön'n?

Dan hib we änner en Buäàm to skühl stiin'n.

Diäàruhn hib Jim ünrecht bön'n.

Uäàrom deht, Baar?

Om dat de Buämen deht Laaid to jam rak.

Deht es völ beter, üüp frei Feld, of üüp de Landwaai to bliewen.

De stäärkfte Buämen wur heel völ van Laaid van boppen deel däärspletten.

De hakket Laaid regeniäärt öfters de bäfte Hüüsder.

Dok maket et öfters Mensken en Vee duäàd.

Vom Billardspiel.

Spielen Sie gern Billard?

Man sagt, das sei ein Spiel, welches das Gesicht verbessere.

Bau Beljardspel.

Spelle Jim giären Biljärd?

Man saait, deht es en Spel, diäàr et Gesecht verbetert.

Wollen wir eine Partie zu=
sammen machen?

Ich habe nichts dagegen, den
Versuch mit Ihnen zu ma=
chen; jedoch weiß ich, daß
Sie gewinnen werden.

Wir wollen nach P. A. gehen,
er hat ein gutes Billard.

Welches Spiel wollen Sie
spielen?

Caroline, mit fünf Bällen.

Wir wollen blos um das
Partiegeld spielen, wenn es
Ihnen gefällig ist.

Sehr gut. Muß ich aussetzen?

Nein; wir wollen darum gegen
die Bande spielen.

Ich habe verloren; ich muß
aussetzen.

Da habe ich schon einen Kicks
gemacht.

Ihr Queue ist nicht gut; neh=
men Sie lieber dieses.

Mein Ball ist vor dem Loche
stehen geblieben.

Es ist mir unmöglich, diesen
Ball zu machen, ohne mich
zu verlaufen.

Jetzt können Sie den rothen
Ball schön dubliren.

Skel we en Spel mèäfer
make?

If ha der nifs uhnjin, om ens
met Jim to proberen; man
if wet, dat Jim win skel.

We wel na P. A. gung, he
hät en gud Biljard.

Wat Spel wel Jim spelle?

Caroline, met fiew Balen.

We wel alleen om Partiejil
spelle, wan Jim er met to=
freden sen.

Recht gud. Skel if ütsat?

Nehn; we wel diäärom tjin
Bande spelle.

If ha verléssen; if mut ütsat.

Diäär ha if al en falsk Stoot
maket.

Jerm Qüi es nig gud; nem
Jim liewer dehier.

Mien Baal es vör deht Gät
stunnen bléwen.

Deht es me ünmägelk, dehier
Baal to maken, sönner dat
if me verloop.

Nä kan Jim de ruääd Baal
rar dublire.

Ich stehe jetzt ganz collé.

Diesmal werde ich gewiß caramboliren.

Sie werden das Spiel durch Caramboliren gewinnen.

Wie steht das Spiel?

Siebzehn gegen neun.

Sie können auf meinen Ball nicht spielen; er ist im Quartier.

Ich mache viele Fehler.

Jetzt will ich versuchen, Ihren Ball zu dubliren.

Er geht — er geht!

Mich dünkt, die Caroline ließe sich von hier sehr gut schneiden.

Der Ball ist leicht gemacht.

Sie nahmen ihn zu voll.

Was sagen Sie denn jetzt?

Das war ein Fuchs!

Marqueur (Kellner)! wie viel zählt mein Gegner?

Er hat achtunddreißig gegen fünfzehn von Ihnen.

Dann will ich Ihnen gewonnen geben.

Nä lei ik stif jin de Bande uhn.

Deht hier mal skel ik wes krambolire.

Jim skel deht Spehl nog win, met Kramboliren.

Ha stahnt et Spehl?

Säbentein to negen.

Jim kan nig iep mien Vaal spelle; de leit bennen.

Ik make völl Fehlers.

Nä wel ik probére, of ik Jerm Vaal düblire kan.

He gungt — he gungt!

Me teenkt, de Caroline lät hem van hier heel gud skiäär.

De Vaal es lecht to maken.

Jim nüm hem to vol.

Wat saai Jim nä dan?

Deht wiäär en Fuks!

Marköör! ha völ hät mien Jinspeller?

He hät acht en dertig, jin Jerm föftein.

Dan wel ik Jim win liäät.

Der Hutmacher.

Ich möchte gern einen Hut kaufen. Zeigen Sie mir einige nach der neuen Mode.

Welche belieben Sie, Castor oder Filz?

Geben Sie mir einmal einen Ihrer besten Castor-Hüte.

Dieser Castorhut, den ich trage, ist aus Ihrer Fabrik und hält sich sehr gut.

Ich habe mehrere von derselben Sorte beinahe fertig.

Zeigen Sie mir sie doch.

Sie sind noch nicht in dem Zustande, daß man sie zum Verkauf aufstellen könnte.

Macht nichts; ich will einen aufpassen.

Dieser ist einer der feinsten Castorhüte, die gemacht werden.

Die Haare sind viel zu lang.

Ich wünschte einen Hut mit kurzen Haaren zu haben.

Hier ist einer, der Ihnen gerade recht sein wird.

Dieser gefällt mir.

Wie viel kostet er?

Vierzehn Mark.

De Hudmaker.

Ik wul giären en Hud kope, wiese me ens hekken na de neist Mode.

Wat wel Jim liewst, Castor of Filz?

Do me ens iään van Jerm Castor=Hudder.

De hier Castorhud, diäär ik üüp ha, es van Jerm Fabrik, en hält hem heel gud.

Ik ha nog muären van de sallewste Sort bal klar.

Wiese me dan.

Jä sen nog nig recht klar maket, dat ik jam apsat kan do verkopen.

Deht maket nifs; ik wel iään üüppasse.

Deht hier es iään van de fienste Castorhudder, diäär der maket wur.

Deht Hiär es völ to lung.

Ik wul giären en Hud met kurt Hiären ha.

Hier es iään, diäär jüst gud es för Jim.

De gefält me.

Ha völ kost de?

Viäärtein Mark.

Das ist mehr, als ich früher bezahlt habe.

Deht es muäàr, es if van to vören betaalt ha.

Mehr als zwölf Mark bekommen Sie nicht.

Muäàr es twálw Mark wen Jim nig.

Nun, Sie sind ein alter Kunde; Sie sollen ihn denn für den Preis haben.

Nä, Jim sen en ohn Kun; Jim skel en dan för de Pris ha.

Lassen Sie ihn nur hübsch zurecht machen.

Liäàt hem dan man güb abmake.

Es soll Alles nach Ihrem Wunsche geschehen.

Deht skel Alles na Jerm Wensk dönnen wees.

Diesen alten Hut können Sie mir aufputzen lassen.

De hier ohl Hüd kan Jim appotfe liäàt för me.

Ganz wohl, mein Herr!

Recht güd, mien Herr!

Prüfung eines neuen Schülers.

En nei Skuuljong Bepröwe.

Habe ich die Ehre mit Herrn Paulsen zu sprechen?

Ha if de Jäàr, met Herr Paulsen to snakken?

Aufzuwarten, ich heiße Paulsen.

Mien Herr, if hit Paulsen.

Ich bringe Ihnen meinen Sohn Eduard, den ich gern Ihrer Sorgfalt anvertrauen möchte.

If bring Jim mien Söhn Edward, de if giären Jerm Surg uhnvertraue wul.

Ein sehr gesunder Junge!

En heel fün Jong!

Ich hoffe, daß er bei Ihnen gut lernen wird.

If höpe, dat he be Jim güd liäàr skel.

Wie alt bist Du, mein Junge?

Ha ohl best Dü, mien Jong?

Bald elf Jahr, mein Herr.

Val elben Juäàr, mien Herr.

Er kann doch schon ein wenig lesen, schreiben und rechnen?

Sehr wenig, Herr Paulsen.

Nun, ich werde ihn heute Morgen auf die Probe stellen.

Sehr wohl; ich empfehle mich Ihnen.

Komm her, mein Sohn; sei nicht bange; Niemand wird Dir etwas zu leide thun.

Magst Du auch gern spielen?

Ja, mein Herr.

Nun, kannst Du gut Marmel spielen?

Ziemlich gut.

Kannst Du vermuthlich auch einen Kreisel und einen Reifen treiben?

Ja wohl.

Deine Hände und Finger kannst Du also gut gebrauchen.

Ja, mein Herr.

Kannst Du schreiben, Eduard?

Ich lernte es eine kurze Zeit, aber ich gab es wieder auf.

Und warum denn?

Weil ich die Buchstaben nicht machen konnte.

Wie meinst Du denn, daß andere Knaben es machen? —

He kan doch al en betjen lees, skriew en rékene?

Heel wenig, Herr Paulsen.

Nä, ik wel hem Maarlaang üüp de Pröw stel.

Heel wel; ik empfehle me.

Kom juäärt, mien Söhn; wees nig bang; hier es némenig diäär Dü iäärig do skel.

Määist Dü ook giären spelle?

Ja, mien Herr.

Nä, kanst Dü gud Malmer spelle?

Tehmelk gud.

Kanst Dü dan ook met en Brumkrüdel spelle en Huploop?

Ja wel.

Dan kannst Dü dien Hunnen en Fingern doch gud brük.

Ja, mien Herr.

Kanst Dü skriew, Edward?

Ik liäärt et en kurt Tid, man ik jehw et wehr ap.

En wuärom dan?

Om dat ik de Bukstaben nig make küüd.

Ha teenkst Du dan, dat de uhr Jongen deht do? —

94

Haben sie etwa mehr Finger
als Du?

Nein.

Zeige mir Deine Hand, Eduard.

Hier sehe ich nichts, was Dich
hindern kann, schreiben zu
lernen.

Du kannst doch lesen?

Ja.

Nun, wie hast Du lesen ge=
lernt? Ist es nicht durch
Fleiß geschehen?

Wenn Du also mehr Fleiß
anwendest, so wirst Du
noch besser lesen können.

Weißt Du auch etwas auswen=
dig von der Grammatik?

Ich versuchte es einmal, aber
ich konnte nicht auswendig
lernen.

Du weißt doch einige Sachen aus=
wendig? vermuthlich kannst
Du mir die Wochentage nach
ihrer Ordnung nennen?

Ja, mein Herr.

Und vielleicht auch die Monate
des Jahres?

Ja.

Hast Du etwas von der Rechen=
kunst gelernt?

Ha jä dan muäàr Fingern
es Dü?

Nehn.

Wiese me Dien Hun, Edward.

Hier sih if niks, wat Dü hen=
nere kan, om skriewen to
liàren.

Dü kanst doch lees?

Ja.

Nä, da hast Dü dan léfen
liààrt? es et nig kimmen
bäär Fliet?

Wan Dü diàrom flietiger best,
dan kannst Dü ook béter
léfen liààr.

Wets Dü ook wat van bütten
van de Gramatik?

If versoht et iààn mal, man
if küüd nig van bütten
liààr.

Dü wets doch wel wat van
bütten? skult Dü nig de
Wekdagen me saai kan, es
jä na aker fullege?

Ja, mien Herr.

En verlegt ook de Muhnten
van et Juààr?

Ja.

Häst Dü ook wat van de
Rekenkunst liààrt?

Ich bin bis an die Addition
gekommen; indeß setze ich
es nicht weiter fort.

Warum das?

Ich konnte es nicht thun.

Wie viele Marmel kannst Du
für einen Schilling kaufen?

Zwölf neue.

Und wie viele für einen Sechs=
ling?

Sechs.

Und wie viele für zwei Schilling?

Vierundzwanzig.

Wenn man Dir täglich einen
Schilling gäbe, wie viel würde
das wöchentlich ausmachen?

Sieben Schilling.

Wenn Du nun zwei Schilling
davon ausgäbest, wie viel
würde Dir übrig bleiben?

Fünf Schilling.

Richtig. Nun hast Du Dich
schon im Addiren, Subtra=
hiren, Multipliciren und
Dividiren geübt. Die Rechen=
kunst lernen, ist nichts mehr
als dieses.

Nun, Eduard, gehe zu Deinen
Schulkameraden.

Ik ben so vier es be deht Ad=
diren kimmen; dô ha ik et
nig wieder furt sak.

Wuàrom deht?

Ik küüd et nig dû.

Ha völ Malmers kanst Dü
för iään Stelleng koope?

Twallew neien.

En ha völlen för en Sösleng?

Sös.

En ha völlen för tau Stelleng?

Vjuurentwintig.

Wan em Dü alle Dàài iään
Stelleng died, ha völ sful
der uhn de Wek ütmake?

Söben Stelleng.

Wan Dü nö tau Stelleng diäär=
van ütdiedst, ha völ sful er
dan wel na bliew?

Fiew Stelleng.

Recht. Nö hast Dü Dü al uhn
Tooptälen, Vantreften, Ver=
miären on Stesten öwet. De
Rékenkunst liären, es niks
muäär es det.

Nö, Edward, gung man hen
na de Stuljongen.

Vom Schauspiel.

Gehen Sie heute in's Theater?

Ich glaube, ja. Was wird denn gespielt?

Ich weiß nicht. Wir wollen uns einen Theaterzettel holen lassen.

Wollen wir in's Parterre gehen?

Wie Sie es für gut finden.

Es wird diesen Abend sehr voll sein, denn es wird ein ganz neues Stück gespielt.

Jetzt ist es Zeit hinzugehen, wenn wir den Anfang sehen wollen.

Wir kommen gerade zu rechter Zeit.

Das Haus ist in der That sehr voll.

Wir wollen uns eine gute Stelle aussuchen.

Es wird nicht lange dauern, bis das Stück beginnt.

Still! der Vorhang wird aufgezogen.

Das ist ein schönes Zimmer.

Die junge Schauspielerin hat ein hübsches Gesicht.

Van de Comédi.

Gung Jim Dolling na de Comédi?

If leew wel. Wat skel er dan spelt wur?

If wet nig. We wel üs en Comédizétel hale liäät.

Skel we uhn et Parterre gung?

So es Jim et gud fin.

Deht skel inlahng heel vol wur, om dat er en heel nei Stök spelt wàrt.

Nö es et Tid om hen to gungen, wan we de Anfang sî wel.

We köhm just to rechter Tid.

Deht Hüs es uhn de Daht heel vol.

We wel üs en gud Steed üt sööf.

Deht skehl nig lahng ware, dat jä uhnfange to spellen.

Stel! de Vörhang komt al ap.

Deht es en sjüllig Dörnsk.

De jong Comédijantin hät en rar Gesecht.

Wie schön sie doch singt!
Es wird bald vorüber sein.
Beim Hinausgehen müssen wir nicht vergessen, eine Contremarke zu fordern.
Wir sind schon am Ende des zweiten Actes.
Der Vorhang fällt.

Wat kan je rar song!
Deht skel bal verbé wees.
Wan we üt gung, mut we nig verjit en Kunter-Mark to fragen.
We sen al be det En van de uhr Akt.
De Vörhang falt.

Der Sprachlehrer.

Wenn Madame D. zu Hause ist, so möchte ich sie gern sprechen.

Treten Sie nur in dieses Zimmer, und ich werde Sie melden.

Darf ich um Ihren Namen bitten?

Madame wird sogleich kommen.

Guten Morgen, Herr N.! Sie haben also mein Schreiben erhalten?

Ja, Madame. Ich wäre gern früher gekommen, wenn es mir möglich gewesen wäre.

Einige Tage früher oder später hat nichts zu bedeuten.

Sie wollen vermuthlich englische Stunden nehmen, Madame?

De Spröökliäärer.

Wan Madame D. derén es, dan wel if her giären spreek.

Gung man ihn uhn de Dörnsk, if wel et her saai.

Mäii if Jerm Nööm wet?

Madam komt so metiääns.

Gu'n Morgen, Herr N.! Jim ha mien Striewen dan fünnen?

Ja, Madam. If hid giären wat iäär kimmen, wan if man kiiüd hid.

Enige Dagen iäär of leeter, hät niks to bedüden.

Jim wel dan giären Ingelsk liäär, Madam?

Ja, die englische Sprache wird jetzt so allgemein, daß ich mich fast schäme, sie nicht zu verstehen.

Wahr ist es, die englische Sprache hält man jetzt für nothwendig.

Wie ich gehört habe, soll die Aussprache sehr schwer zu lernen sein.

Wenn Sie sich nur fleißig darin üben, wird es Ihnen nicht schwer werden.

Verschiedene meiner Bekannten haben es in der englischen Sprache schon sehr weit gebracht.

Welche Stunden haben Sie frei?

Wünschen Sie zwei Stunden wöchentlich zu nehmen?

Allerdings; und späterhin dreimal die Woche.

Wann würde es Ihnen am gelegensten sein, Madame, Ihre Stunden zu nehmen?

Dienstags und Freitags von zehn bis elf wäre mir am passendsten.

Diese Stunden können Sie gern haben.

Ja, de ingelst Spröök wàrt nö so algemeen, dat ik me skäme, om dat ik et nig verstun.

Wahr es et, dat we de ingelst Spröök nö nödig ha.

So es ik hiààrt ha, skel de Utspröök heel zwaar wees to liàren.

Wann Jim man flietig Jim er iep to lei, dann skel et Jim nig zwaar wur.

Verskeeden van mien Bekannten ha et uhn de ingelst Spröök al heel vier brocht.

Wat för Stünnen ha Jim frei?

Wenske Jim tau Stünnen uhn de Wek to nemmen?

Séfer; en wan we fieder hen kööm, treemal de Wek.

Ha kommt et Jim om basten topas, Madam, om Jerm Stünnen to nemmen?

Teidàài en Freidàài van tein to elben skul me om basten passe.

De Stünnen kan Jim giären wen.

Alle die Bücher, welche ich für's Erste brauche, werden Sie gefälligst für mich kaufen.

Das werde ich mit Vergnügen thun.

Al de Butter, diäär it iääst nödig ha, wel Jim dan wel so gud wees en bör me koope.

Deht wel it met Vergnögen dö.

Lustfahrt um die Insel Helgoland.

Heute haben wir wunderschönes Wetter.

Wahrscheinlich werden wir diesen Nachmittag eine Lustfahrt rund um Helgoland machen.

Das würde mir sehr lieb sein.

Auf welche Weise geschieht das?

So wie ich gehört habe, sollen eine große Anzahl Ruderfahrzeuge dafür fertig gemacht werden.

Die meisten Fahrzeuge sollen mit Flaggen und eines mit Musikanten versehen werden.

Um fünf Uhr werden wir Anfang machen.

Laßt uns dann nicht zu spät gehen, es sind schon viele Herren und Damen die Treppe hinunter gegangen.

Wir wollen unsere Regenschirme mitnehmen.

Löstfahrt rün om et Helgelun.

Dolling ha we herlig Wedder.

Wahrstienlit stel we Nameddääi en Löstfahrt rün om et Lun make.

Deht stul me recht lif wees.

Ha wart deht dan dönnen?

So es if dan hiäärt ha, stel er en groot Getal Rudderjöllen diäärför klaar maket wur.

De miääste Fahrtügen stel met Flaggen en iään met Muskanten versennen wur.

De Klot siew stel we uhnfange.

Liäät üs dan nig to leet weg gung, diäär sen al völ Herren en Damen hendeel gingen.

We wel üüs Rääienstirmen mé nem.

7*

Sehen Sie doch, wie viele Menschen auf der Treppe sind.

Amalie, wir beide wollen zusammen sitzen; ich habe Dir etwas zu sagen.

Sobald die Musikanten anfangen zu spielen, werden wir Alle zugleich in Gang kommen.

Meine Uhr ist gleich fünf.

Die Musikanten spielen schon.

Da geht es los; wie schön nehmen sich die Flaggen aus!

Auf der Spitze, am Strande stehen viele Zuschauer.

Wir sollten eigentlich nicht so weit von der Musik entfernt sein, sonst kann man nichts davon hören.

Da sehen wir die Nordspitze schon.

Die Westseite soll wunderschön durch die Natur geformt sein.

O, wie herrlich! Sieh doch einmal, Amalie, solche wunderbare Wölbungen hast Du gewiß noch nie gesehen.

Ich möchte diesen Anblick um Vieles nicht entbehrt haben.

Ei luke man ens, ha völ Mensken dat er üüp de Vorrig sen!

Amalia, we tau we beäärker set; if ha Dü wat to saaien.

So dra es de Muskanten uhnfange to spellen, gung we Allemahl lifäärker uhn de Gang.

Mien Üür es bal fiew.

De Muskanten spelle al.

Diäär gungt et los. Wat make al de Flaggen en rar Gesecht!

Üüp de Waal stun mal völ Mensken to luken.

We most eegentlik nig so vier van Musik uf wees, uhrs kan we diäär nifs van hiäär.

Diäär komt Nathuren al to sin'n.

De Westsid skel verwunderlikrar däär de Natur kimmen wees.

O, wat es deht herrlich! luke doch man ens, Amalia, sök wunderbar Äärken hast Dü weß nog aals nig sennen.

If wul om nog so völ nig, dat if deht nig sennen hid.

Jetzt sind wir doch einmal rund um Helgoland gekommen.

Nö ha we doch ens rünom et Lun wesen.

Abendessen.

Da wir heute zum Abendessen eingeladen sind, so wollen wir uns frühzeitig einfinden.

Wir wollen aber erst ein wenig auf der Klippe spazieren gehen.

Auf der Landstraße werden heute viele Herren und Damen sein.

Wie klein scheinen mir die Schiffe am Horizont!

Laßt uns nun zu Hause gehen, denn es wird bald dunkel werden.

Wir müssen uns noch ankleiden.

Wie spät ist es denn?

Zehn Minuten vor neun.

Dann haben wir nicht viel Zeit zu verlieren, um fertig zu werden.

Sieh doch einmal mein Kleid an, Annette, ist es nicht zu kurz?

O, liebe Amalie, das kannst Du nicht anbehalten; nimm geschwind ein anderes.

Naachtert.

Diäär we Dolling to Naachtert nödigt sen, wel we üs diäär ebber ienfin.

We wel nö man iääst en letjet keuere üüp Klef.

Üüp de Landwääi skel Dolling völ Mensken wees.

Ha letj kööm de Skeppen me vör uhn de Kimmen!

Liäät üs nö man t'Hüs gung, dan deht wàrt bal junk.

We mut üs nog uhntih.

Ha leet es et dan?

Teien Minuten vör nögen.

Dan ha we nig völ Tid to verliesen, om klar to kömen.

Luke doch ens na mien Kleed, Nette, es et nig to kurt?

O, liewe Amalia, de kanst Dü nig uhnbehool; nem gau Uursiään.

Dieses steht mir besser.

De stahnt me beter.

Jetzt sind wir fertig, laßt uns nun gehen.

Nö sen we klar, liäät üs man gung.

Ich fürchte, daß wir die letzten sind.

If ben bang, dat we de lehsten sen.

Wir werden doch nur kalte Küche bekommen.

We skel doch man kuul Jeten wen.

Wir wollen bei einander sitzen.

We wel beäärker set.

Essen Sie gern Austern?

Jet Jim giären Oosters?

Nein, ich danke.

Nehn, if danke.

Hier ist Schinken; wollen Sie einen Schnitt davon?

Hier es Skink; wel Jim diäär wat van?

Geben Sie mir sehr wenig, wenn ich bitten darf.

Dö me dan en letj betjen, wan if Jim bed màài.

Ich rathe Ihnen, ein Stück Ochsenfleisch dazu zu nehmen.

If riààd Jim, en Stök Ossenflehsk diäär be to nemmen.

Mögen Sie gern Apfeltorte?

Màài Jim giären Apeltaart?

Sie essen sehr wenig.

Jim iet heel wenig.

Ich fürchte, Sie haben ein schlechtes Abendessen gehalten.

If ben bang, dat Jim en slecht Naachtert fünnen ha.

Um Verzeihung, ich habe sehr gut gegessen.

Om Vergebung, if ha heel gud etten.

Da steht Wein, Bier und Porterbier auf dem Tische.

Diäär stahnt Wien, Bier en Porterbier üüp Taffel.

Was wollen Sie trinken?

Wat wel Jim drink?

Versuchen Sie diesen Porter; er ist vortrefflich.

Pröwe deht hier Porter man ens; deht smäkt rar.

Ich habe ihn selbst auf Flaschen ziehen lassen.

If ha deht sallew uftape lät.

Nachher sollen Sie Wein kosten, der dreimal die Reise nach Batavia gemacht hat.

Durch diese Reisen ist der Wein viel besser geworden.

Wir wollen ihn lieber für einen anderen Abend auf= bewahren.

Es wird schon spät.

Ich muß auch morgen sehr früh aufstehen.

Wohlan, ich will Sie nicht länger aufhalten.

Ich weiß, daß Sie Alles gern zu rechter Zeit thun.

Ich wünsche Ihnen eine gute Nacht.

Wollen Sie einen Leuchter?

Ich danke; es ist ganz hell.

Kommen Sie gut nach Hause!

Schlafen Sie wohl!

Gleichfalls.

Na deht stel Jim Wien pröwe, diäär treemal de Reis na Batavia maket hät.

Däär de Reisen es de Wien böl beter wurren.

We wel deht liewer bewahre to uhrs en Jin.

Deht wàrt al leet.

Ik mut ook maren heel ebber apstun.

Wel, ik wel Jim dan nig lahnger aphool.

Ik wet, dat Jim alles giären to rechter Tid dò.

Ik wenske Jim en gud Naacht.

Wel Jim en Lüchter ha?

Ik danke; deht es rar hel.

Kööm gud t'Hüs!

Sliààp wel!

Jim ook.

Erzählungen.

1. Der Seeräuber.

Alexander gab einem Seeräuber, den er gefangen ge=
nommen hatte, verschiedene Verweise über die Unbilligkeit und
Grausamkeit seines Geschäftes. — „Sonderbar!" fing der See=
räuber an, nachdem er lange geduldig zugehört hatte, — Du
tadelst meine Lebensart und machst es doch nicht besser als
ich. — Du machst auf der See mit einer großen Flotte so
viel Beute, als Du nur kannst, und man nennt Dich den
Ueberwinder. — Mich, der ich nur ein kleines Fahrzeug
habe — mich schilt man einen Seeräuber."

2. Der Prozeß.

Ein gewisser Edelmann, der eines Verbrechens beschul=
digt und zum Scheiterhaufen verurtheilt war, nahm die Flucht.
Man machte ihm dessen ungeachtet seinen Prozeß, und ver=
brannte sein Bildniß. Während dieser Zeit durchreiste er
das Pyrenäische Gebirge, das gewöhnlich mit Schnee und
Eis bedeckt ist. Er sagte hernach: „Es hat mich nie so
sehr gefroren, als während man mich verbrannte."

3. Die Verdauung.

Als der Herr la Bravour mit seinen Kameraden,
welche beordert waren, mit ihm des Abends Sturm zu
laufen, zu Mittag speiste, aß er mit wenig Appetit, und da
man ihn fragte, warum er so wenig äße, antwortete er:
„Ich finde kein Vergnügen am Essen, wenn ich der Ver=
dauung nicht versichert bin."

Verhalen.

1. De Seerower.

Alexander bied en Seerower, diäär he gefangen nümmen hid, verskeede Verwiesen awer de Unbilligheit en Grausamheit van sien Handwerk. — „Sonderbar!" fung de Seerower uhn, na dat he lahng gedulbig tohäärket hid, — „Dü dabelst mien Lebensart en makest et doch nig béter es ik. — Dü makest üüp See met en grot Flot so völ Büt, es Dü man kanst, en Jam namt Dü de Awerwinner. — Mih, diäär ik man en letj Fahrtüg ha — me skelle jä üt vör en Seerower."

2. De Proseß.

En séker Ebbelmann, diäär wegen sien Verbréken bestülbigt wiäär, om verbäärnt to wurren, lip weg. Man maket hem diäärom doch sien Proseß, en verbäärnt sien Portret. Uhn de Tweskentid reiset he däär de Pirenaische Bergen, diäär de miääste Tid met Sné en Is bedekket sen. He saait naderhand: „Ik ha nog aalsnig so kuhl wesen, es iäär ik verbäärnt wur."

3. De Verdaueng.

Jäär de Herr la Bravöör met sien Vulk, diäär beordert wiäär, met hem de Inawer Sturm to lopen, dawert sün, eht he met wenig Aptiet; en iäär em hem fraget, wuärom dat he so wenig eht, antwortet he: „Ich bin keen Vergnögen uhn et Iten, wan ik nig verseekert ben, dat et ook verdaue kan."

4. Gellert's Lehrweise.

Ein junger Mann, der Gellert's Schriften gelesen hatte, wollte ihn auf die Probe stellen, ob seine Handlungen auch mit seinen Lehren übereinstimmten. Er ging zu ihm, als ein armer Student verkleidet, und klagte, wie sein Wirth ihn aus dem Hause zu werfen drohe, wenn er nicht gleich zehn Thaler Miethe bezahle, und wie er noch keinen Pfennig dazu habe.

Gellert (geht zum Schranke und holt ein Päckchen Geld). Ich will sehen. — Hier ist Alles, was ich habe. Es sind nur vierzehn Thaler, aber ich will Ihnen doch zehn davon geben. Gott wird weiter helfen. —

Fremder (fällt ihm mit Thränen um den Hals). Vortrefflicher Mann! Können Sie mir vergeben? — Ich bin nicht arm, sondern ich kam blos, um zu sehen, ob Ihre Handlungen Ihren Lehren entsprächen. —

Gellert. Warum sollte ich denn das nicht thun, was ich lehre?

5. Das Echo.

In einer Gesellschaft erzählte man von einem wundervollen Echo, das einige Worte sechs bis siebenmal wiederholte. — „Das ist Nichts," sagte ein Böhme, „bei mir zu Lande giebt's ganz andere Echo's; wenn man ruft: „Wie befinden Sie sich?" so hört man die deutliche Antwort: „Ihnen aufzuwarten!"

6. Der Prinz und der Hauptmann.

Ein junger Prinz von sieben Jahren, den Jedermann wegen seines Verstandes bewunderte, befand sich einst in einer Gesellschaft, worin ein alter Hauptmann war, welcher sich über diesen Prinzen folgendermaßen äußerte: „Die Kinder,

4. Gellert's Liäàrwies.

En jong Mann, biäàr Gellert's Skreften leesen hib, wul hem üüp de Prööw stel, ob sien Handlingen ook met sien Liäàrwies aweriäànstemmet. He ging na hem to, uhn arm Studentenkloor, en klaget: Ha sien Wiäàrt truàiet, om hem üt et Hus to smitten, wann he nig metiäàns teien Daler Hüür betaalt, en dat he der nog keen Dreeling to hib.

Gellert (gungt na sien Jilkast en haalt en letj Pak). Jt wel ens luke. — Hier es Alles, wat ik ha. Hier sen man viùrtein Daler, man ik wel Jim doch tein biäàrvan dò. Gott help Jim fieder. —

Frömmen (falt hem om de Hals en gàält). Vortref= felk Mau! kan Jim me verjiew? — Jf ben nig arm, ik kim alleen man, om to sin'n, of Jerm Handel mit Jerm Liäàrwies aweriäàn kim. —

Gellert. Wuàrom skul ik deht dan nig dò, wat ik liäàr?

5. De Torägklang.

Uhn en Geselskap verhaalt em van en wunnervol Wehr= klang, dat em enige Wurren wel sös= of söbenmaal hiäàr küüd. — „Deht es Niks," saait en Böhmer: „be me to Lun jeft et heel uhrs Wehrklangen; wan em rapt: „Ha gunt et Jim?" dan hiäàr em deht bütelk Antwort: „om Jim to tienen."

6. De Prins en de Hauptmann.

En jong Prins van söben Juaar, biäàr van Aàrkiäàn bewunnert wur, om dat he so völ Verstand hib, wiäàr iäàn= mal uhn en Geselskap, wuàår en ool Hauptmann wiäàr, biäàr saait, iäàr he van de Prins snàkket: „De Kinner, biäàr völ

die oft so viel Verstand haben, haben dessen gewöhnlich sehr
wenig, wann sie zu Jahren kommen." Der junge Prinz,
welcher es gehört hatte, sagte zu ihm: „Herr Hauptmann,
Sie müssen sehr viel Verstand in Ihrer Kindheit gehabt haben."

7. Wunderliche Sparsamkeit.

„Aber wie konnten Sie es über's Herz bringen, drei
Thaler für ein Billet zu dem Konzert der Sängerin Cata=
lani zu geben?" fragte Jemand einen sehr geizigen Kauf=
mann, als er erzählte, daß er bei der Anwesenheit dieser
seltenen Künstlerin zu Berlin im Sommer 1816 sich gleich
eine Einlaßkarte habe holen lassen.

„Aus bloßer Sparsamkeit," versetzte der Gefragte:
„denn ist Alles das wahr, was man von ihrer Stimme und
Kunst in den Zeitungen gerühmt hat, so habe ich nachher
nie mehr nöthig, eine Sängerin zu hören, und wenn man
mir ein Billet zu einem Konzerte aufschwatzen will, kann
ich antworten: „Ei was, ich habe die Catalani gehört."

8. Die achtzehn Ursachen.

Da einst ein gewisser Fürst durch eine kleine Stadt reiste,
schickte der Rath einige Abgeordnete, um ihn zu bewillkomm=
nen. Derjenige, der das Wort führte, sagte zu ihm: „Sie
werden verzeihen, gnädiger Herr, daß wir keine Kanonen
lösen lassen; es ist uns unmöglich gewesen, und das aus
achtzehn Ursachen. Die erste ist, weil keine hier sind, und
auch deren nie hier waren." — „Ich bin so zufrieden mit
dieser Ursache," unterbrach ihn der Fürst, „daß ich Euch die
anderen siebzehn schenke."

Verstand ha, sen de miäste Tid heel dum, wan jä ool wur."
De jong Prins, diäär det hiäärt hid, saait to hem: „Herr
Hauptmann, Jim mut doch heel völ Verstand hid ha, iäär
Jim jong wiäär."

7. Wunnerlik Sparsamheit.

„Man ha küüb Jim et doch awer Jerm Hart bring,
tree Daler för en Viljet to dòn'n, to en Konsert van de
Songerin Catalani?" fraget Jààn uhn en gietzig Koopman,
iäär he verhaalt, dat he, uhn de Sömmer van 1816 to
Berlin, hem en Jentreedkaart hale lat hid, iäär de Songe=
rinn diäär wiää.

„Alleen üt Sparsamkeit," antwortet he: „dan, wan
deht allemal wahr es, wat em van her Stem en Kunst uhn
de Seitungen röhmet hat, dan ha ik naberhand nig muäär
nödig, en Songerinn to hiären, en wan em me en Viljet
to en Konsert üüptwing wel, kan ik antworte: „A wat, ik ha
de Catalani hiäärt."

8. De achtein Uäärsaken.

Jäär der iäänmals en Fürst däär en letj Stad reiset,
sandt de Rath enige diäärto Veorderte, om hem to bewel=
kommen. De diäär et Wur föört, saait to hem: „Genadige
Fürst, verjiew et üs, dat we keen Kanonen ufsköten ha;
deht hät üs ünmägelk weesen, en deht ut achtein Uäär=
saken. De iäärst es, om dat hier keenen sen, en ook nog
aalsnig weesen ha." — „Ik ben so tofreden met de
Uäärsak," saait de Fürst, „dat ik Jim de uhr säbentein
skeenke."

9. Der Patient.

„Wie befinden Sie sich heute," fragte ein Arzt seinen Patienten.

Pat. Etwas besser.

Arzt. Haben Sie zu Mittag etwas gegessen?

Pat. Ja, etwas Rindfleisch.

Arzt. Mit Appetit?

Pat. Nein, mit Sauce.

10. Liebe.

König Eduard I. von England wurde in einem Ge= fechte wider die Sarazenen von einem vergifteten Pfeile ver= wundet. Sein Tod wäre unvermeidlich, sagten die Ärzte, wenn nicht Jemand sein Leben daran wagen und das Gift aus der Wunde saugen wollte.

Eleonore, seine Gemahlin, entschloß sich sogleich, es zu thun. Vergebens widersetzte sich ihr Gemahl diesem Entschlusse, was aber seine Zärtlichkeit wachend nicht zugeben wollte, mußte er geschehen lassen, als er schlief, und — er war gerettet.

Die Vorsehung belohnte ihre Liebe, und auch die edle Königin blieb am Leben.

11. Die Sonnenfinsterniß.

Ein junger Edelmann holte eines Tages etliche junge Damen ab, um sie auf die Pariser Sternwarte zu führen, wo eine Sonnenfinsterniß beobachtet werden sollte. Da sich aber die Damen ein wenig zu lange beim Anziehen verweilt hatten, war die Finsterniß vorbei, als der Stutzer mit ihnen dahin kam. Man kündigte ihm an, er wäre zu spät gekommen, und es wäre schon Alles vorbei. „Lassen Sie uns immer hinaufgehen, meine

9. De Kraanke.

„Ha gungt et Jim dolling?" fraget en Dokter sien Kraanke.

Kr. En betjen beeter.

Dokter. Ha Jim to Middàài wat etten?

Kr. Ja, wat Offenslehif.

Dokter. Met Aptiet?

Kr. Nehn, met Saus.

10. Liebe.

Könneng Eduard I. van Inglun wur iàànmal uhn en Gesecht tjin de Sarazenen van en vergeftet Peil verwundet. Sien Duààt wiààr ünvermiedelk, saait de Dofters, wan er nig Jààn sien Leben uhn waget, om deht Geft üt de Wunde to sügen.

Eleonore, sien Wüf, saait met iààns, dat je deht dö wul. Verſiews verſat her Man hem jin her Vörnehmen: wat sien Liebesgeföhl, iààr he waket, nig to liààt wul, moßt he geböre liààt, iààr he ſlip, en — sien Leben wiààr rebbet.

De Vörütſecht beluànet her Liebe, en ook de edel Könnengin blehw uhn't Leben.

11. De Sönfinsternis.

En jong Ebbelman haalt iàànmals enige Fameler uf, om jàm üüp en Stehrenfiekersplaats uhn Paries to bringen, wuààr en Sönfinsternis waarnümmen wur ſkul. Jààr de Fameler jam abers en betjen to lahngsahm uhntààien hid, wiààr de Finsternis verbé, iààr de Ebbelmann met jam diààr hen kim. Jà lat hem dan saai dat he to leet kim, en dat Alles al verbé wiààr. „Liààt üs man apgung,

Damen," sagte er zu ihnen, „meine Freunde werden schon die Gefälligkeit haben, von neuem anzufangen."

12. Mäßigung.

Ein gemeiner Soldat schimpfte auf den Antigonus unweit dessen Zelt und sagte, daß er ein Dummkopf wäre. Antigonus hörte es, sah aus dem Zelt und sagte: „Geh weg, daß ich nicht gezwungen werde, Dich zu bestrafen."

13. Das Bein.

Ein General, der in einer Schlacht ein Bein verloren hatte, ließ sich ein anderes von Holz machen, welches dem natürlichen vollkommen glich. Es ereignete sich einige Zeit hernach, daß ihm eine Kanonenkugel das hölzerne Bein wegschlug. Diejenigen, welche um ihn waren, schrien: „Man lasse geschwind den Wundarzt kommen!" — „Nein, meine Freunde," sagte der General ganz gelassen, „lasset den Zimmermann kommen."

14. Hypochondrie.

Zu einem Arzt in Paris kam ein Mann und klagte über beständige Schwermuth und Bangigkeit.

Arzt. Dafür ist kein besseres Mittel, als daß Sie fleißig in's italienische Theater gehen, und wenn Sie Carlin, der Harlekin nicht kurirt, so ist keine Genesung möglich.

Fremder. Sie selbst wissen wohl nichts von Hypochondrie?

Arzt. Ich, mein Herr? — ich weiß es so gut als Einer.

Fremder. Und die Kur, die Sie mir vorschlagen, hat Ihnen geholfen?

Arzt. Allerdings. — Nichts in der Welt konnte mir meinen Unmuth besser vertreiben.

Fremder. Und was brauchen Sie für Ihre Augen?

Dames," faait he to jam, „mien Frönnen ſkel wel ſo ge=
fällig wees, van vören wehr uhntofangen."

12. Mäſigung.

En gemeen Soldaat ſkimpet üüp Antigonus techt be
ſien Telt en ſaait, dat he en Dummert wiààr. Antigonus
hiààrt et, luket üt ſien Telt en ſaait: „Gung fieder, dat if
nig getwungen wur, om dü to beſtrafen."

13. De Biààn.

En Generaal, diààr uhn Krich iààn Biààn verleſſen
hid, lat hem uhrsiààn van Holt make, diààr akkeraat ſo üt=
ſaag es ſien uhr Biààn. Het geböört enige Tid derna,
dat hem en Kanoonkugel deht holten Biààn wegnüm. Dinnen,
diààr be hem wiààr, rip: „Hale gau de Dokter!" — „Nehn,
mien Frönnen," ſaait de Generaal heel kuhlbluddet. „Liààt
be Tömmerman köhm."

14. Zwaarmuddigheit.

Uhn Paries ging en Man na en Dokter, en klaget
awer Zwaarmubdig= en Bangigheit.

Dokter. Diààrför es keen béter Meddel, es dat Jim
flietig na de italiaanſch Comédi gung, en wan Jim Carlin
de Harlekin nig koriààrt, dan es er keen Beterſchap mägelk.

Frömder. Jim wet ſalw wel niks van Hipokondrie?

Dokter. Jk, mien Herr? — if wet et ſo gud as Jààn.

Frömder. En de Kuur, diààr Jim me vörſlo, hat
Jim hülpen?

Dokter. Natüürelk. — Niks uhn de Welt küüd me
mien Zwaarmuddigheit beeter verdriew.

Frömder. Wat brük Jim dan fer Jerm Dogen?

Arzt. Für meine Augen? — Nichts — denn ich sehe sehr gut.

Fremder. Um Verzeihung, Herr Doctor, das weiß ich besser: wenn Sie gut sehen könnten, so würden Sie mich längst erkannt haben. Ich bin Carlin.

15. Königliches Mittel, Geld zu erhalten.

Wilhelm II. führte zu seiner Zeit einmal einen beschwerlichen Krieg, der seine Kasse ganz erschöpft hatte.

Er befahl darauf dem Vice-König in England, zwanzigtausend Mann bis an die Häfen marschiren zu lassen, und als sie eingeschifft werden sollten, ließ er ihnen kund thun: Wer zehn Schilling gäbe, sollte die Erlaubniß haben, zurückzukehren. —

Hierdurch erhielt der König zehn tausend Pfund Sterling.

16. Die Kaiserin Katharina und Diderot.

Als Diderot seine Bibliothek an die Kaiserin Katharina verkauft hatte, ließ sie ihn ersuchen, die Bibliothek so lange er lebe, zu behalten, ihr Bibliothekar in Frankreich zu sein und ein Gehalt von 1000 Livres anzunehmen. Achtzehn Monate vergingen, ohne daß Diderot etwas bezahlt bekam. Dann erhielt er von der Kaiserin folgendes Schreiben:

„Da ich nicht will, daß Sie jemals wieder auf Ihre Pension so lange warten sollen, so habe ich Befehl ertheilt, daß man sie Ihnen auf fünfzig Jahre vorausbezahle."

17. Der freigebige Kardinal.

Eine arme Frau kam zum Kardinal Farnese und klagte ihm, daß ihr Hausherr sie aus ihrer Wohnung treiben wollte,

Dokter. För mien Oogen? — Niks — if ſi ja recht gud.

Frömder. Verjiew et me, Herr Dokter, det weht if beeter: Wan Jim gud ſi küüb, dan hib Jim me lahng al küüb. If ben Carlin.

15. Könnenglif Meddel, om Jil to wennen.

Wilhelm II. föhrt iäänmals, uhn ſien Tid, zwaar Krich, ſo dat ſien Jilfaſt biäärbäär geheel lebbig wur.

He beful biäärüüp de Viets=Könneng uhn Jnglun, dat he twintig duſenb Man tjin de Howen marſfire liäät ſful, en iäär iä ienſfeppet wees ſful, lat he jäm wet: Welf tein Sfelleng üt bieb, ſful de Freiheit ha, om toräg to gungen.

Hierbäär fün de Könneng tein duſenb Pün Sterling.

16. De Käiſerin Katrina en Diderot.

Jäär Diderot ſien Biblioteef uhn de Käiſerin Katrina verfaft hib, lat je hem bed, de Biblioteef, ſo lahng es he lewwet, to beholen, her Bibliotefaar uhn Frankrif to weſen en et Gehalt van 1000 Livres uhntonemmen. Achtein Muunt verging, ſönner dat Diderot wat betaalt fün. Da fün he van de Käiſerin fulgenb Briääf:

„Diäär if nig ha wel, dat Jim nog ens wehr ſo lahng tööw ſfel om Jerm Penſion, ſo ha if befullen, om Jim föftig Juäär vörüt to betalen.“

17. De gudgeefff Kardinal.

En arm Wüf kim be de Kardinal Farneſe, en flaget hem, dat de Hüsbaas her üt et Hüs briew wul, al et

alles Flehens ungeachtet, weil sie ihm fünf Zechinen Miethe sogleich nicht bezahlen könne.

Der Kardinal gab ihr ein Billet an seinen Zahlmeister, und dieser zahlte ihr, da sie es ihm überbrachte, fünfzig Zechinen aus.

„Mein Herr", sagte die Frau, „ich kann das nicht annehmen, denn ich habe nur um fünf Zechinen gebeten."

Es ist ein Mißverständniß.

Der Zahlmeister ging mit ihr zum Kardinal und er= zählte den Vorfall.

„Es ist wahr," sagte dieser, „ich habe mich versehen," nahm das Billet zurück und ließ ihr, statt fünfzig Zechinen, fünfhundert auszahlen.

18. Das Testament.

Eudamidas war sehr arm, aber er hatte zwei Freunde: Charixenes und Aretheus.

Nach seinem Tode fand man folgendes Testament von ihm:

„Dem Aretheus vermache ich meine Mutter, um sie bis an ihr Ende zu verpflegen; dem Charixenes meine Tochter, um sie auszustatten, und wenn einer von beiden stirbt, soll der Übriggebliebene in die Stelle des anderen treten."

Die beiden Freunde erfüllten dieses Testament auf das Pünktlichste.

19. Erfindungen.

Amerika wurde im Jahre 1492 durch Christophorus Columbus entdeckt. Das Schießpulver wurde zu Köln er= funden im Jahre 1354, durch einen Mönch, Namens Bar=

Bebben en Gälen hülp nig; om bat je hem nig metiääns fiew Gülden, of Zechinen, Hüür betale küüb.

De Kardinal bieb her en Billet uhn sien Betaalmeister, en iäär je hem beht Biljet bieb, ba betaalt he her biäärüüp föftig Zechinen.

„Mien Herr," saait beht Wüf, „if kan beht nig uhn= nem, ban if ha man om fiew Zechinen fraget."

Beht es en Mesverstanb.

De Betaalmeister ging met her na be Kardinal, en snaffet hem beht vör.

„Deht es wahr," saait he, „if ha me versennen," nüm. het Biljet toräg, en lat her, uhn plaats van föftig, fiew honbert Zechinen ütbetahle.

18. De Testament.

Eubamibas wiäär heel arm, man he hib tau Frönnen: Charizenes en Aretheus.

Na sin Duäät wur het fulgenb Testament be hem sünnen:

„Aretheus vermafe if mien Mem, om her, so lang es je lewwet, to ernähren; Charizenes mien Dochter, om her üt to stüren, en wan iään van be tau störwt, sfel be biäär nog lewwet, be uhr sien Steeb vertreeb."

De tau Frönnen ha bet Testament heel genau verfült.

19. Utfindingen.

Amerifa wur uhn het Juäär 1492 bäär Christophorus Columbus ütfünnen. Deht Sfütpulwer wur uhn Kölen üt= fünnen uhn et Juäär 1354, bäär en Mönnif, met Nööm Bar=

thold Schwarz. Die Buchdruckerkunst wurde durch Laurens Koster zu Harlem erfunden im Jahre 1428. Der Kompaß wurde erfunden durch Jan Gola, einen Neapolitaner, im Jahre 1302. Peter Hele zu Nürnberg erfand die Taschen=uhren im Jahre 1500, und die Herren Montgolfier erfan=den die Luftballons im Jahre 1783.

20. Die Stadt London.

London ist sieben englische Meilen, oder drei Stunden lang, eine Stunde breit, hat vier deutsche Meilen im Um=fange und faßt in sich (8000) acht tausend Straßen, (34) vier und dreißig Marktplätze und (149,430) hundert neun und vierzig tausend vier hundert und dreißig Häuser, unter welchen man mehr als drei hundert gottesdienstliche Gebäude, zwei und zwanzig Hospitäler und fünf und neunzig Armen=häuser zählt. Im Jahre 1666 verlor diese Stadt durch eine schreckliche Feuersbrunst (13,400) dreizehn tausend vier hundert Häuser und 87 Kirchen.

21. Die Stadt Paris.

Paris ist die Hauptstadt von Frankreich und eine der größten Städte in Europa. Im Jahre 1818 hatte sie (27,371) sieben und zwanzig tausend drei hundert ein und siebzig Häuser von vier bis sieben Stockwerken und außer den Fremden (714,000) sieben hundert vierzehn tausend Einwohner, worunter (30,000) Protestanten, (6000) sechs tausend Juden, und gegen (87,000) sieben und achtzig tau=send, welche blos von Almosen leben.

thold Schwarz. De Bukdrükkerkunst wur däär Laurens
Koster uhn Harlem ütfünnen uhn et Juäär 1428. Deht
Kompas wur ütfünnen däär Jan Gola, van Neapel, uhn
et Juäär 1302. Peter Helle uhn Nürnberg fün de Skrap=
ühren üt uhn et Juäär 1500, en den Herren Montgolfier
fün de Lochtballunnen üt uhn et Juäär 1783.

20. De Städt Lünnen.

Lünnen es söben ingelsk Mielen, of tree Stün lung,
iään Stün briääd, hàt viuur düütsk Mielen uhn Omtrek en
hàt (8000) acht dusend Straten, (34) viuur en dertig
Marketsteden en (149,430) hondert negen en viärtig dusend
viuur hondert en dörtig Hüüsber, wuääränner muäär es
tree hondert Kààrken en Skulen, tau en twintig Kraanken=
hüüsber en siew en negentig Aarmenhüüsber sen. Uhn et
Juäär 1666 verlehs de Stad däär en verskrikkelk Brand
(13,400) dertein dusend viuur hondert Hüüsber en (87)
söben en tachentig Kààrken.

21. De Stad Paris.

Paries es de grootste Stad uhn Frankrik en ook iään
van de grootsten uhn Europa. Uhn et Juäär 1818 stün
diäär (27,371) söben en twintig dusend treehondert iään
en söbentig Hüüsber van viuur bet söben Stokwerk, en
bütten de Frömmen (714,000) söben hondert viäärtein
dusend Jhnwunners, wuäärvan (30,000) Protestanten, (6000)
sös dusend Juden en omtrent (87,000) söben en tachentig
dusend, diäär alleen van Almosen lewwe.

22. Der Mensch.

Ein Mensch, der hundert Pfund wiegt, hat gewöhnlich vier Pfund Gehirn. Kein Thier hat dessen so viel. Ein Ochse von acht bis neun Centner schwer, hat dessen nicht mehr als ein Pfund. Man zählt im menschlichen Körper (189) ein hundert neun und achtzig Knochen, nämlich: vierzehn im Vordertheil des Kopfes, sechs und vierzig in den anderen Theilen des Kopfes und im Hals, sieben und sechzig in dem Rumpf, zwei und sechszig in den Beinen und Füßen. Die Knochenmasse macht den dritten Theil vom ganzen Gewicht des menschlichen Körpers aus. Ein ausgewachsener Mensch hat zwanzig bis fünf und zwanzig Pfund Blut, das in einer Stunde achtzehn bis zwanzig mal durch das Herz strömt.

23. Die Sonne.

Die Sonne ist 700 mal größer als die Masse aller übrigen Körper des ganzen Planeten=Systems zusammen genommen. Sie ist 355,000 mal größer als unsere Erde, dem Inhalte nach. Ihr Durchmesser ist 188,000 deutsche Meilen, sie ist 21 Millionen deutsche Meilen von uns entfernt, und dreht sich in 25½ Tagen um ihre Achse.

24. Merkur.

Seine kleinste Entfernung von der Sonne beträgt 66,5, seine mittlere 83,7 und seine größte 100,9 Sonnen=Halbmesser, welcher letztere 94,000 Meilen hat. Seine Entfernungen von der Erde sind: die kleinste 10, die größte 30 Millionen Meilen. Sein Halbmesser ist nur 300 Meilen. Aus der Erde würden sich 25 solcher Kugeln, wie der Merkur, bilden lassen.

22. De Mensk.

En Mensk, diåår honbert Pün wecht, hàt de miååste Tid viuur Pün Brååien. Keen Dier hät er so völ. En Ols van acht bet negen honbert Pün, hàt er nig muåår es iåàn Pün. Jàm tåàlt uhn en mensel Körper (189) iåàn honbert négen en tachentig Knaken, es: viåårtein uhn et Vörhaaud, sös en viàrtig uhn de uhr Deelen van et Haaub en Hals, söben en söstig uhn de Rump, tàu en söstig uhn de Biànen en Futten. De Biànen en Futten sen en Derde so zwar es de geheel mensel Körper. En volütwulsen Mensk hàt twintig bet siew en twintig Pün Blud, diåår uhn iåàn Stün achttein bet twintig maal dåår et Hart struåmet.

23. De Sön.

De Sön es 700 mal groter es alle de awrige Körpers van be geheele Planeten=Syftem, toop nümmen. Es 355,000 mal grooter es üüs Jer, uhn en Klump. Sien Diameter (recht bäär) es 188,000 büütsk Mielen, es 21 Millionen büütsk Mielen van üs uf, en breit hem uhn 25 en huàlew Dåài om hem sallew.

24. Merkur.

Sien letjste Ufstand van de Sön es 66,₅, sien mebbelst 83,₇ en sien grootste 100,₉ Sönnen huàlew dåär, jebe van 94,000 Mielen. Sien Ufstanden van de Jer sen: 10 om nååisten en 30 Millionen Mielen om vierjten.

Huàlew dåär es he man 300 Miel. Ut de Jer küüb 25 söf Kugels, es Merkur, make liååt.

25. Venus.

Venus ist 15 Millionen deutsche Meilen von der Sonne entfernt. Von der Erde aber ist sie 5 Millionen Meilen entfernt, wenn sie ihr am nächsten, und 35 Millionen Meilen, wenn sie am entferntesten steht. Der Venus Halbmesser ist 840, und ihr Durchmesser 1680 Meilen; beinahe so wie unsere Erde.

26. Die Erde.

Der Umkreis der Erde beträgt 5356 Meilen, ihr Halbmesser 860 und ihr Durchmesser 1720 Meilen. Die Oberfläche der Erde ist dreizehnmal größer als die des Mondes. Der Mond ist fünfzig tausend sieben hundert fünfzig Meilen von uns entfernt, dreht sich in $27,_3$ Tagen um seine Achse, und um Merkur, Venus und Mars in einem Tage.

Unsere Erde bildet mit ihrem Mond einen kleinen Staat im Staate, sie führt ihn auf ihrer weiten Reise um die Sonne als ihren Diener in schweigendem Gehorsam mit sich, aber ihre Größe übertrifft auch die ihres Begleiters mehr als siebenzig mal. Jupiter wird auf seiner noch viel größeren Bahn von vier solchen Dienern begleitet, die aber alle zusammen noch nicht den zehntausendsten Theil der Größe ihres Herrn besitzen. Auf eine ähnliche Weise verhält sich Uranus zu seinen sechs und Saturn zu seinen sieben Satelliten, obschon mehrere derselben selbst manchen Hauptplaneten, wie z. B. Merkur, an Größe übertreffen. Auf diese Weise werden also jene Monde gezwungen, die Oberherrschaft ihrer Hauptplaneten, und diese wieder die alles überwiegende Macht der Sonne anzuerkennen.

Solcher Kugeln, wie unsere Erde, würde man über 1,300,000 um einander legen müssen, um endlich einen Körper, der Sonne am Umfange gleich, zu erhalten.

25. Venus.

Venus es 15 Millionen düütſk Mielen van de Sön
uf. Van de Jer abers fiew Millionen Mielen, om nààiſten,
en fiew en dertig Millionen Mielen, om vierſten, van üüs
Jer uf. Venus huàlew däär es 840, en heel däär 1680
Mielen; bal iewen ſo es üħs Jer.

26. De Erde (Jer).

De Jer rün om, es 5356 Mielen, huàlew däär 860
en heelbäär 1720 Mielen. De Jer ſien Vopperſtplat es
därtein mal groter es de van de Muun. De Muun es
föftig buſend ſöven hondert en föftig Mielen van üs uf, en
breit hem uħn 27,₃ Dàài om hem ſallew, en om Merkur,
en Mars uħn iààn Dàài.

Üüs Jer maket met ſien Muun en letj Staat uħn en
Staat, he nemt hem üüp ſien lung Reis om de Sön es ſien
ſwiegend en gehorſam Bedeenter met; man he es ook noch ſö=
bentig mal groter uħn ſien Klump es de Muun. Jupiter wart
üüp ſien nog völ groter Baan van viuur ſök Bedeenters be=
gleitet, de abers allemal toopnümmen, nog nig de teinbu=
ſendſte Pürt van herm Herr beſet. Üüp de ſalleweſte Wies
verhàlt dem Uranus to ſien ſös, en Saturn to ſien ſöben
Bedeenters of Muunen, wuàrvàn hökken nog groter ſen es
eenige Planeten, Hooftplaneten; ſo es Merkur uħn iààn
Klump. Üüp de Wies wur al de Muunen dan twungen,
däär de Oppermacht van herm Hooftplaneten, en Jà wehr,
däär de noch völ groter Macht van de Sön to gehoorſamen.

Sök Kugels, es üüs Jer, kan em wel awer de 1,300,000
om àrker lei mut, om diààrvan üüp lehſt en Körper to wennen,
ſo groot es de Sön rünom es.

Druckfehler.

S. 3	Z. 8	von	unten	lies:	Gefecht	(Helg.)	statt	Gesicht.
= 10	= 13	=	=	=	büütſk	(=)	=	bütk.
= 12	= 13	=	oben	=	jüt	(=)	=	jut.
= 70	= 5	=	unten	=	bààit	(=)	=	bàat.
= 71	= 6	=	oben	=	Kaſlamen	(=)	=	Laſlamen.
= 71	= 11	=	=	=	Set	(=)	=	Wet.
= 74	= 1	=	unten	=	Thee	(=)	=	Shee.
= 79	= 10	=	oben	=	Jk	(=)	=	Jc.
= 80	= 3	=	=	=	Briààſ	(=)	=	Brief.
= 84	= 4	=	=	=	Brökken	(=)	=	Brölken.
= 85	= 9	=	unten	=	ſkel	(=)	=	klel.
= 87	= 10	=	=	=	vör et	(=)	=	vör en.
= 88	= 13	=	=	=	Landwàài	(=)	=	Landwai.
= 89	= 1	=	oben	=	mèàrker	(=)	=	mèàker.
= 95	= 3	=	=	=	ſat	(=)	=	ſak.
= 95	= 8	=	=	=	twàlw	(=)	=	twallew.
= 95	= 14	=	=	=	det	(=)	=	der.
= 95	= 7	=	unten	=	Vantrekken	(=)	=	Vantreſken.